財務・非財務情報の実効的な開示
―― ＥＳＧ投資に対応した企業報告 ――

井口　譲二

は し が き

　いま，企業報告に変革の波が押し寄せている。企業報告は，財務諸表に代表される「財務情報」の報告と財務情報ではないが利用者にとって有用な「非財務情報」の報告から構成されるが，この両方において変革が生じているのである。

　「財務情報」においては，国際的に共通な尺度を提供する国際財務報告基準（IFRS）を採用する国や企業が飛躍的に増加している。また，先進国を中心に，財務情報の適正性確保のための「監査報告書の透明化」の検討が行われ，多くの国で，その導入が決定されている。「非財務情報」についても，2014年にEUで非財務情報の開示を進める指令が出された。また，米国でも10-K（日本の有価証券報告書に相当）の非財務情報項目において見直しの検討が行われている。

　日本においても，「財務情報」については，2017年10月から企業会計審議会（金融庁）で「監査報告書の透明化」について議論が行われている。「非財務情報」については2017年12月から有価証券報告書の在り方の検討が金融審議会（金融庁）で開始されている。

　『帳簿の世界史』（ソール（2015））ではローマ時代から2008年の世界金融危機までの企業会計と国家の興亡を巡る壮大な歴史が描かれているが，筆者の解釈では，組織のリーダーが国家（あるいは企業）の財務状況を正しく把握した上で活動する組織は成功し，誤った解釈（あるいは意図的に歪められた情報）に基づき活動した場合には失敗するというものである。ここでの議論を進めれば，組織の活動状況を正確に把握できるよう企業報告の枠組みの変更も必要ということとなろう。

　実際，企業報告の歴史をみると，その変革の背景には，常に企業行動と利用者の情報の有用性（ニーズ）の変化があった（友岡（1996））。財務分析に必要不可欠な「複式簿記」の活用は14・15世紀にイタリアで始まったが，その背景には大規模な海運ビジネスを営むにあたっての（資金を集めるための）組合の結成と航海成功時の出資金の分配，そして（組合員への）収支報告があったといわれている。17世紀，オランダの東インド会社に代表される永続的な組織形態である「株式会社」が登場したことにより，航海のようなプロジェクトごとではなく，期間を決め損益の状況を把握する必要が生じ，期間損益計算（例えば，年次）に基づいた報告がなされるようになったといわれる。19世紀，英国での産業革命以降，工場や機械など大規模な固定資産を購入し，活用することとなったが，期間損益を明確にする必要から減価償却計算などの発生主義が会計に導入された。また，このころから会計監査もより重視されるようになったといわれる。

　近年の企業報告の変革の背景にも情報の有用性（ニーズ）の変化がある。その変化の根源に

あるのが，2008年の金融危機以降にグローバルで生じている「長期志向（Long termism）の潮流」と考えている。長期志向において企業経営で求められるのは，短期の利益拡大ではなく，持続的な企業価値（株主価値）向上となり，投資家にとっては中長期の投資リターンとなる。また，この長期志向の潮流という大きな視点で考えると，現在，企業報告や投資の分野で生じている様々な事象（企業報告の変革，スチュワードシップ活動の高まり，投資家と企業によるESGの重視）も，実はお互いに関連していることがわかる。

このような問題意識を持ち，本書では，企業報告の変革の状況とその背景にある企業と投資家の行動の変化について考察している。

第1章は，企業報告の利用者である投資家の中長期志向化について論じている。読者は，なぜ，いま，企業報告の変革の必要性が生じているかを理解できるものと期待している。第2章では，「財務情報」の適正性確保（会計監査）に焦点をあて「財務報告サプライチェーンの再強化」の現況について論じている。

第3章以降は，第Ⅱ部とし，非財務情報の実効的な開示に焦点をあてている。第3章では中長期投資におけるESG要因の重要性を論じている。最近，話題となる"ESG投資"が，新しい投資スタイルではなく，投資家の真摯な企業分析に基づいた投資手法であることを読者が理解できることを期待している。

第4章では視点を変え，欧米の規制当局等による非財務情報開示制度の改革をフォローするとともに，影響力のある企業報告団体の国際的枠組みを整理した。TCFDやSDGsも企業報告に大きな影響を与えることも予想している。

最終章の第5章ではグローバルのベストプラクティスを提示しつつ，中長期投資家に対する実効的な開示方法について考察している。結論的にいえば，中長期投資家に対する実効的な開示とは，その開示が企業価値向上プロセスに組み込まれ，企業行動の変化につながる姿をみせることと考えている。

本書は，2013年以降，筆者が執筆したレポートや講演会での発言をまとめ，整理するとともに，新しい論考や視点を加え，執筆を行ったものである。私にとっては初めての個人としての著作となるが，5年前の初めての執筆からここに至るまで，いつも貴重な機会とご助言をいただき，育てていただいた青山学院大学国際マネジメント研究科教授である北川哲雄先生には深く感謝したい。また，折に触れ，投資家としての心得を教えていただいたフィデリティ・ジャパン・ホールディングス株式会社の取締役副会長である蔵元康雄氏にも深く感謝したい。また，本書を執筆するにあたっては，日常業務のない休日を活用せざるをえない状況となったが，サポートをしてもらった妻の寛美，長男の義隆，長女の美緒にも感謝したい。

最後に，このような企画をいただくとともに，出版まで多くの励ましと助言をいただいた商事法務の「別冊商事法務」編集部の方々にも深く感謝したい。

なお，本書に記載の論考・意見は筆者の所属する組織・団体とは関係なく，全て個人の見解となる。

平成30年1月

井口　譲二

〔著者紹介〕
井口　譲二（いぐち　じょうじ）
ニッセイアセットマネジメント　チーフ・コーポレート・ガバナンス・オフィサー
上席運用部長（投資調査室）

〔主な職歴〕
ニッセイアセットマネジメント　チーフ・コーポレート・ガバナンス・オフィサー
上席運用部長（投資調査室），ESG 推進室長
ニッセイアセットマネジメントで，金融・素材などの証券アナリスト業務，投資調査室長を経て現職。アナリストリサーチの統括とスチュワードシップ活動の責任者。

〔主な対外活動〕
ICGN（International Corporate Governance Network）理事（2015 ～），金融審議会専門委員（金融庁 2017 ～），企業会計審議会監査部会臨時委員（金融庁 2017 ～），企業会計基準委員会専門委員（企業結合・ディスクロージャー 2012 ～），日経アニュアルリポートアウォード審査最終委員（日本経済新聞社 2007 ～），統合報告・ESG 対話フォーラム委員（経済産業省 2017 ～），持続的な価値創造に向けた投資の在り方検討会委員（経済産業省 2016 ～ 2017），IR 優良企業表彰最終委員（日本 IR 協議会 2012 ～），持続可能性を巡る課題を考慮した投資に関する検討会委員（環境省 2015 ～ 2016），等を務める。

〔主著〕
「バイサイドアナリストの調査手法と役割の現状」（証券アナリストジャーナル 2009 年 11 月号）（共著），「財務諸表利用者は IR 情報をどう評価するか」（企業会計 2013 年 7 月号），「非財務情報（ESG ファクター）が企業価値に及ぼす影響」（証券アナリストジャーナル 2013 年 8 月号），「ストーリーのあるコーポレートガバナンス」（旬刊商事法務 2014 年 4 月 15 日号），『スチュワードシップとコーポレートガバナンス：2 つのコードが変える日本の企業・経済・社会』（東洋経済新報社，2015）（共著），『コーポレートガバナンス・コードの実践』（日経 BP 社，2015）（共著），「機関投資家のコーポレートガバナンス・コードに対する期待」（旬刊商事法務 2015 年 5 月 25 日号），「企業報告の潮流と非財務情報の開示」（会計・監査ジャーナル 2015 年 5 月号）（共著），「ダブルコード時代の機関投資家の取組みについて」（旬刊商事法務 2016 年 5 月 25 日号），「ICGN の役員報酬ガイダンス」（旬刊商事法務 2017 年 3 月 5 日号）（共著），「新しい時代における証券アナリストの役割」（証券アナリストジャーナル 2017 年 5 月号），「スチュワードシップ・コードの運用上の論点」（法の支配 2017 年 10 月号）等

目　　次

第Ⅰ部　新たな投資の潮流──長期志向の潮流と投資行動の変化── ……… 1

第1章　新しい投資の潮流──長期志向（Long termism）の広がり── …… 3
　1　はじめに …………………………………………………………………… 3
　2　スチュワードシップ・コードとは ……………………………………… 3
　　(1)　"スチュワード"が意味するもの　4
　　(2)　スチュワードシップ・コードと長期志向の潮流　5
　3　スチュワードシップ責任と受託者責任 ………………………………… 8
　　(1)　スチュワードシップ責任と受託者責任との関係　8
　　(2)　中長期投資家にとってのスチュワードシップ活動　9
　4　日本版スチュワードシップ・コードと企業報告 ………………………10
　　(1)　改訂された日本版スチュワードシップ・コード　11
　　(2)　日本版スチュワードシップ・コードの要諦と高まる企業報告の重要性　13
　　(3)　ICGN グローバル・スチュワードシップ原則とスチュワードシップ・コード　15
　　(4)　スチュワードシップ活動の範囲の広がり　18
　5　まとめ ……………………………………………………………………20

第2章　財務報告サプライチェーンの再強化 ………………………………21
　1　はじめに …………………………………………………………………21
　2　財務報告サプライチェーン ……………………………………………21
　　(1)　財務報告サプライチェーン強化の動き　22
　　(2)　監査報告書の透明化の動き　24
　　(3)　監査上の主要な事項（KAM）の導入　26
　　(4)　英国における監査報告書の透明化の経験　30
　3　監査報告書の透明化に投資家が期待すること …………………………33
　　(1)　投資判断における有用な情報の提供　33
　　(2)　監査報告書の透明化によるコーポレートガバナンスの向上　34
　4　まとめ ……………………………………………………………………37
　（補論）監査法人のガバナンス・コード …………………………………38

目　次

第Ⅱ部　非財務情報とESG情報の実効的な開示 ……… 41

第3章　非財務情報の有用性の高まり …… 43
1　はじめに …… 43
2　スチュワードシップ・コードへの署名と投資行動の変化 …… 43
(1)　運用フィロソフィーの変化と投資行動　43
(2)　アクティブ運用者とパッシブ運用者　45
3　ファンダメンタルズ分析と非財務情報の有用性の高まり …… 47
(1)　財務情報の分析と非財務情報の分析について　47
(2)　ESG評価を中心とした中長期業績の予想　50
4　ESG評価が投資判断へ与える影響——よい会社はよい投資対象 …… 52
(1)　非財務情報（ESG評価）が業績予想に与える影響　52
(2)　投資家が活用する非財務情報の特徴　54
5　ESG定着に向けたグローバルの動向 …… 58
(1)　グローバルの機関投資家団体（ICGNの見方）　58
(2)　英国の状況（PLSAの活動）　59
(3)　米国の状況（エリサ法の再解釈指針等）　62
(4)　欧米先進国諸国以外の動き　65
6　企業のビジネスモデルの変容 …… 66
(1)　企業への社会的責任の高まり　66
(2)　英国政府によるコーポレートガバナンス改革と日本企業への影響　67
7　変容するESG評価 …… 70
(1)　企業行動の変化とESG評価　70
(2)　ESG評価の変容　71
8　まとめ …… 73
（補論）ESG投資とSRI投資 …… 73

第4章　非財務情報に関する企業報告の枠組みと課題 …… 78
1　はじめに …… 78
2　企業報告の役割と目的 …… 78
(1)　企業価値向上に資する企業報告　79
(2)　日本のコーポレートガバナンス報告書にみる企業報告の役割　80
3　非財務情報報告の枠組み（ルールベースの枠組みの動向） …… 82

(1)　米国における非財務情報開示の改革　82
　(2)　欧州の非財務情報開示の動向　85
4　国際的枠組み（International framework）について ……………………89
　(1)　SASB：米国サステナビリティ会計基準審議会　89
　(2)　GRI（Global Reporting Initiative）　92
　(3)　CDP　98
　(4)　IIRC（International Integrated Reporting Council：国際統合報告委員会）　100
5　国際的枠組み間の共存と投資家の各枠組みの活用方法 ………………… 107
　(1)　国際的枠組みの比較　107
　(2)　CRD：Corporate Reporting Dialogue　108
　(3)　投資家の観点からみた企業報告の枠組みの活用方法　110
6　国際的枠組みに重要な影響を与える要因：TCFD・SDGs ……………… 112
　(1)　TCFD　112
　(2)　SDGs　116
7　ま と め ……………………………………………………………………… 120

第5章　中長期投資家にとっての有用な非財務情報の実効的な開示 … 121
1　は じ め に …………………………………………………………………… 121
2　非財務情報提供における新たな課題とESG情報の重要性の高まり …… 121
　(1)　アニュアルレポートにみる日本の非財務情報提供の新たな課題　121
　(2)　非財務情報開示のフレームワークとESG要因の組込み　123
3　持続的な企業価値向上に資する企業行動と情報開示 …………………… 125
　(1)　実効的な非財務情報の開示と投資家の読み解き　125
　(2)　企業行動の変化を生み出す開示　128
4　企業・投資家の対話チャンネルの整備の必要性：ESGギャップの解消… 141
　(1)　投資家サイド・企業サイドの課題　141
　(2)　ESGギャップの解決に向けて　142
5　ま と め ……………………………………………………………………… 142

凡　　例

1．書籍・雑誌等

井口（2013a）	井口譲二「財務諸表利用者はIR情報をどう評価するか」（企業会計65巻7号48-56頁）
井口（2013b）	井口譲二「非財務情報（ESGファクター）が企業価値評価に及ぼす影響」（証券アナリストジャーナル51巻8号36-44頁）
井口（2014）	井口譲二「ストーリーのあるコーポレートガバナンス」（旬刊商事法務2030号4-10頁）
井口（2015a）	井口譲二「日本版スチュワードシップ・コードと伊藤レポート」北川哲雄編著『スチュワードシップとコーポレートガバナンス』第4章（東洋経済新報社，2015）
井口（2015b）	井口譲二「企業価値向上のイメージを描写する情報開示」北川哲雄編著『スチュワードシップとコーポレートガバナンス』第5章（東洋経済新報社，2015）
井口（2015c）	井口譲二「ESGの視点から企業価値創造プロセスを示す」武井一浩編著『コーポレートガバナンス・コードの実践』第1章（日経BP社，2015）
井口（2015d）	井口譲二「機関投資家のコーポレートガバナンス・コードに対する期待」（旬刊商事法務2068号24-31頁）
井口（2016）	井口譲二「ダブルコード時代の機関投資家の取組みについて」（旬刊商事法務2101号16-22頁）
井口（2017a）	井口譲二「新しい時代における証券アナリストの役割」（証券アナリストジャーナル55巻5号51-59頁）
井口（2017b）	井口譲二「スチュワードシップ・コードの運用上の論点」（法の支配186号104-119頁）
井口（2017c）	井口譲二「非財務情報が将来業績予想・投資判断に与える影響」（企業会計69巻9号1197-1204頁）
エクレス，クルス（2015）	ロバート・G・エクレス，マイケル・P・クルス 著『統合報告の実際』（日本経済新聞出版社，2015）
小方（2016）	小方信幸『社会的責任投資の投資哲学とパフォーマンス』（同文舘出版，2016）
神作（2009）	神作裕之「ソフトローの「企業の社会的責任（CSR）」論への拡張？」神

	田秀樹編『市場取引とソフトロー』第3部第2章（有斐閣，2009）
北川（2015）	北川哲雄編著『スチュワードシップとコーポレートガバナンス』（東洋経済新報社，2015）
蔵元（2013）	蔵元康雄，大場昭義「対談講演 証券アナリストのこれまでの歩みと今後の展望」（証券アナリストジャーナル第51巻1号46-54頁）
ソール（2015）	ジェイコブ・ソール著，村井章子訳『帳簿の世界史』（文藝春秋，2015）
デイビス，ルコムニク，ワトソン（2008）	
	スティーブン・デイビス，ジョン・ルコムニク，デビッド・ピット-ワトソン 著 鈴木泰雄 訳『新たなる資本主義の正体』（ランダムハウス講談社，2008）
友岡（1996）	友岡 賛『歴史にふれる会計学』（有斐閣，1996）
日本コーポレートガバナンス・フォーラム編（2001）	
	日本コーポレートガバナンス・フォーラム編『コーポレート・ガバナンス－英国の企業改革－』（商事法務研究会，2001）
村井ほか（2011）	村井秀樹ほか編著『カーボンディスクロージャー』（税務経理協会，2011）

２．規制当局・企業報告関係団体等の公表物

会計監査の在り方に関する懇談会（2016）
　　　　「会計監査の信頼性確保のために」
外務省（2017）　「持続可能な開発のための2030アジェンダと日本の取組」
企業会計基準委員会（2004）
　　　　「討議資料『財務会計の概念フレームワーク』」
金融庁企業会計審議会監査部会（2013）
　　　　「監査基準の改訂及び監査における不正リスク対応基準の設定について」
経済産業省（2017）「価値協創のための統合的開示・対話ガイダンス」
スチュワードシップ・コードに関する有識者検討会（2014）
　　　　「『責任ある機関投資家』の諸原則《日本版スチュワードシップ・コード》」
　　　　（平成26年2月26日）
スチュワードシップ・コードに関する有識者検討会（2017）
　　　　「『責任ある機関投資家』の諸原則《日本版スチュワードシップ・コード》」
　　　　（平成29年5月29日）
東京証券取引所（2015）
　　　　「コーポレートガバナンス・コード」
日本IR協議会（2017）

凡　例

「IR活動の実態調査（2017年度）」
Atlas Copco（2014）"ATLAS COPCO ANNUAL REPORT 2014"
CDP（2017）　　「CDP 気候変動レポート 2017：日本版」
CRD（2016）　　"Statement of Common Principles of Materiality of the Corporate Reporting Dialogue"
CSR Europe, Frost & Sullivan（2017）
　　　　"The Sustainable Development Goals（SDGs）: The Value for Europe"
Department for Business, Energy & Industrial Strategy（2016）
　　　　"CORPORATE GOVERNANCE REFORM"
Department of Labor（2015）
　　　　"Interpretive Bulletin Relating to the Fiduciary Standard under ERISA in Considering Economically Targeted Investments"
European Commission（2017）
　　　　"Guidelines on non-financial reporting"
European Union（2014）
　　　　"EU Directive: Disclosure of non-financial and diversity information by certain large undertaking and groups"
European Union（2017）
　　　　"Amending Directive 2007/36/EC as regards the encouragement of long-term shareholder engagement and Directive 2013/34/EU as regards certain elements of the corporate governance statement"
FRC（2012）　　"The UK Corporate governance Code Sep2012"
FRC（2016a）　　"Extended auditor's reports January 2016"
FRC（2016b）　　"Lab project report: Business model reporting"
FRC（2017）　　"(Draft) Guidance on the Strategic Report, 7.2"
GRI（2016）　　「GRIサステナビリティ・レポーティング・スタンダード2016（完本版）」
GRI・Global Compact・WBCSD（2017）
　　　　"SDG Compass"
Global Sustainable Investment Alliance（2017）
　　　　"2016 Global Sustainable Investment Review"
ICGN（2016）　　「ICGNグローバル・スチュワードシップ原則」
IIRC（2014）　　「国際統合報告フレームワーク日本語訳」
IIRC（2017）　　"The Sustainable Development Goals, integrated thinking and the integrated report"

Institute of business ethics (2016)	"Culture by Committee".
IASB (2010)	「財務報告に関する概念フレームワーク」
JSIF (2017)	「第3回サステナブル投資残高アンケート調査」
KPMGジャパン (2017)	「日本企業の統合報告書に関する調査2016」『KPMG Insight』Vol.24
OECD (2015)	"G/20 OECD Principles of Corporate Governance"
PLSA (2013)	"STEWARDSHIP DISCLOSURE FRAMEWORK"
Rio Tinto (2014)	"Rio Tinto 2014 Annual Report"
SASB (2017)	"SASB CONCEPTUAL FRAMEWORK"
SEC (2010)	"Commission Guidance Regarding Disclosure Related to Climate Change Final Rule"
TCFD (2017a)	"Recommendations of the Task Force on Climate-related Financial Disclosures"
TCFD (2017b)	"Implementing the Recommendations of the TCFD (June 2017)"
TCFD (2017c)	"The Use of Scenario Analysis in Disclosure of Climate-Related Risks and Opportunities"

第Ⅰ部
新たな投資の潮流
―― 長期志向の潮流と投資行動の変化 ――

第1章　新しい投資の潮流
―― 長期志向（Long termism）の広がり ――

1　はじめに

　投資家を取り巻く環境が急速かつ大きく変化している。2014年のスチュワードシップ・コード導入に伴うスチュワードシップ活動の重要性の高まり，2015年のコーポレートガバナンス・コード導入に伴うコーポレートガバナンスへの注目の高まり，開示におけるフェア・ディスクロージャー・ルール導入の動きなどである。また，直接的ではないが，企業行動に影響を与えるであろう2015年末の環境問題に焦点をあてたパリ協定の合意や同じく2015年に国連サミットで採択されたSDGs（持続可能な開発目標）[注1]なども挙げられよう。
　このような大きな環境変化は投資家の行動を確実に変えつつある。この章では，今後，構造的に予想される投資家の行動の変化について考察したい。

（注1）　SDGs: Sustainable Development Goals，2030年までに達成すべき，17のゴール，169のターゲット等が示されている（本書の第4章参照）。

2　スチュワードシップ・コードとは

　日本では，アベノミクスのもと，日本経済・産業競争力復権に向け，大胆な金融政策（第一の矢），機動的な財政政策（第二の矢）に次ぐ，第三の矢として，2013年6月に「日本再興戦略」が発表された。この日本再興戦略の「日本産業再興プラン」の目的は「グローバル競争に勝ち抜ける製造業を復活させ，付加価値の高いサービス産業を創出すること」であり，この施策のひとつとして，2014年に誕生したのが日本版スチュワードシップ・コード[注2]である。
　署名機関には「投資先企業やその事業環境等に関する深い理解に基づく建設的な『目的を持った対話』などを通じて，当該企業の企業価値の向上や持続的成長を促すことにより，『顧客・受益者』（最終受益者を含む。以下同じ）の中長期的な投資リターンの拡大を図る」とする「スチュワードシップ責任」が生ずることになる。平易にいえば，「中長期の視点で企業価値向

上をサポートし，その結果として株式リターンの拡大を目指す投資行動」が署名機関に求められることとなるのである。

このスチュワードシップ・コードに約200以上の機関投資家（国内外の資産運用会社・年金基金等）が署名を行っている。日本の上場企業に投資している多くの投資家が署名している状況であるため，スチュワードシップ・コード導入により，日本の株式市場の投資スタイル自体が大きく中長期志向に変化していると考えている。

(1) "スチュワード"が意味するもの

スチュワードシップ・コードの"スチュワード"（steward）は"執事"と訳されるが，英国での最初のコーポレートガバナンス・コードである「キャドバリー報告書」策定の責任者であったキャドバリー卿も，"スチュワード"という言葉の使用にあたって「英国の大きな家にはすべてを効率的かつ適切に守り育てるスチュワードがいます。（中略）スチュワードシップとは会社を守り，育てること，をいおうとしたのです[注3]」としている。このようにスチュワードシップ・コードの「スチュワード」という言葉には，執事のように主人から委託されたもの（家族・財産）を効率的に管理するとともに，その管理の状況を委託した主人に的確に報告するという責任が埋め込まれているのである。

① インベストメントチェーン上でのスチュワードの役割

この「スチュワード」の役割を，図表1-1の（最終）受益者から投資先企業までの資金の流れと主要な参加者を示すインベストメントチェーン（投資連鎖）で考える。

インベストメントチェーンには，左の方から，（最終）受益者が年金基金に将来の年金給付の原資等として資金を委託する（受益者⇒年金基金），年金基金が受益者の資金を自分のスタイル・ニーズにあった資産運用会社（以下，運用会社）を選択，運用会社に資金を委託する（年

図表1-1　スチュワードとインベストメントチェーン（投資連鎖）

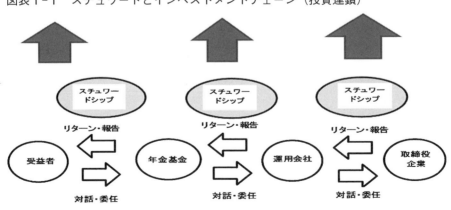

（出所）筆者作成

金基金⇒運用会社），最後に運用会社が企業調査・対話に基づき，長期的な運用リターンが予想される企業に資金を委託（投資）する（運用会社⇒企業）——という資金の流れが描かれている。

さきほどの"スチュワード"の役割を担う主体はこのインベストメントチェーン上の主要箇所に位置する。よく言われるように，運用会社はスチュワードとして企業価値が向上すると予想される企業に投資するとともに，投資先企業に対し対話・モニタリングを行い，その結果を年金基金に報告する責任を負う"スチュワード"である。ただ，運用会社だけがスチュワードではなく，運用会社に資金を委託する年金基金もスチュワードとして，委託先の運用会社に対しスチュワードシップ活動についてのモニタリングや対話を行い，最終受益者に対し，その成果を報告するという責任がある。

実は企業の中にも，"取締役"というスチュワードが存在する。投資家（運用会社）から投資された資金を企業の中長期的な成長に結びつけることができるよう経営陣をモニタリングするとともに，その成果について投資家に報告する責任があるからである。

スチュワードシップ・コード（そして，コーポレートガバナンス・コードの）導入により，インベストメントチェーン上の主要参加者が自らの"スチュワード"の役割を明確に意識し，資金の委託先との「対話・モニタリング」と資金の委託元への「報告」の徹底を通じた説明力の向上をはかることが，インベストメントチェーン全体の価値向上につながることになるのである。

② スチュワードシップ・コード時代の企業報告

本書では，第2章以降で，中長期指向の投資家にとっての望ましい企業報告について論じることとなるが，図表1-1のインベストメントチェーンの一番右にある，投資家（運用会社）と企業との間で生じるのが「企業報告」となる。

投資家は，スチュワードシップ責任を果たすにあたって，企業の状況をより適切に把握する必要があるため，企業報告の重要性は今後一段と増すことになる。スチュワードシップ・コードの時代の企業報告では，報告内容のより「適正性」と「中長期の視点」が求められることとなる。「適正性」の確保については，特に，財務情報における「会計監査」が重視されることとなる。また，「中長期の視点」では，企業価値創造プロセスに関連する「非財務情報」が重要となる。会計監査については本書の第2章，非財務情報の重要性については第3章以降で論じることとなる。

(2) スチュワードシップ・コードと長期志向の潮流

投資家の行動の変化の主因はスチュワードシップ・コード導入となるため，今後の投資家の行動の変化を予想するにはスチュワードシップ・コード及びスチュワードシップ活動の方向性を考察する必要がある。

第Ⅰ部　新たな投資の潮流

① 長期志向の潮流

世界の資本市場は連関しており，国内市場にも大きな影響を与えるため，グローバルの動向を見ることは重要である。

グローバルでは，政策当局によるスチュワードシップ活動定着への動きは加速している。欧州においては，2017年にスチュワードシップ・コードに相当する株主の権利EU指令（EU shareholders right directive）(注4)が欧州議会・理事会で承認された。2年を目途にEU加盟各国で内国法化され，プリンシプルベースではあるが，投資家にはエンゲージメントの方針の策定と開示が求められることとなる。各国のコーポレートガバナンスやスチュワードシップ活動に大きな影響を与えるOECDコーポレートガバナンス原則(注5)は，2015年11月に11年ぶりに改訂されたが，その際『機関投資家の役割』という章が新しく追加され，コーポレートガバナンスにおける機関投資家の役割をより重視した形となっている。米国でもスチュワードシップ活動に対する意識は高く，規制当局によるスチュワードシップ・コードではないが，一部の有力機関投資家が集まり自主的に定めたコードが誕生している(注6)。

以上のように，グローバルにおけるスチュワードシップ活動定着の動きは加速している。その背景には2008年頃に生じた世界金融危機への猛烈な反省がある。顧客の長期的な利益と企業の持続的な成長を考えずに"短期志向"に走った企業経営者，そして，その経営者の短期志向を後押しした投資家の行動に対する反省があるのである。この反省が，長期志向（Long termism）の潮流を生み出している。

現在，グローバルで生じている長期志向の潮流は，スチュワードシップ活動定着の動きを加速させることはあっても止まることはないと考えている。そして，日本の資本市場もグローバ

図表1-2　株主の権利EU指令とOECDコーポレートガバナンス原則

（出所）EU，OECD

第1章　新しい投資の潮流

ルの市場とつながっていることを考えるとこの長期志向の潮流によるスチュワードシップ活動推進への動きはますます強まると予想している。

② 機関投資家現象とスチュワードシップ活動 (注7)

　スチュワードシップ活動の活発化の背景には，グローバルの長期志向の潮流に加え，市場における機関投資家の影響力拡大に伴うスチュワードシップ活動の有効性の高まりがある。図表1-3は，日本の主体別株式保有状況だが，「機関投資家（年金資金等＋外人投資家）」の株式保有比率は，1990年の10％程度から現在は40％超にまで上昇する一方，金融機関や事業法人，個人の保有比率は減少しており，機関投資家の相対的な保有比率が大きく上昇していることがわかる。このような現象は「機関投資家現象」と呼ばれるが，企業価値向上を目的として投資先企業と対話できる能力を持ったプロの投資家である機関投資家の役割が大きくなっていることを意味する。

　機関投資家現象は，日本だけではなく，1990年以降，米国や英国など海外先進国の株式市場でも見られる現象である。また，機関投資家の株式保有割合が一定以上になると投資家のスチュワードシップ活動が活発化するとともに，政策当局のスチュワードシップ活動への推進の力が強まる傾向も同様に見られる（例えば，米国のエイボンレター（1988年）(注8)，あるいは，英国での最初のコーポレートガバナンス・コード策定（1992年））。

　このような長期志向の潮流と機関投資家現象を背景として，今後とも，スチュワードシップ活動の活発化とこれを後押しするスチュワードシップ・コード定着の動きは続くものと予想さ

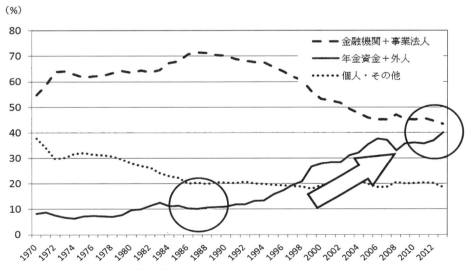

図表1-3　日本の主体別株式保有状況とスチュワードシップ活動

（注）「年金資金＋外人」年金・投資信託＋外国法人等
（出所）東証データを筆者加工

第Ⅰ部　新たな投資の潮流

れる。

- （注2）　スチュワードシップ・コードに関する有識者検討会（2014）
- （注3）　日本コーポレートガバナンス・フォーラム編（2001）
- （注4）　European Union（2017）
- （注5）　OECD（2015）
- （注6）　米国のスチュワードシップ・コード：米国の主要機関投資家及び運用会社16社は，2017年1月にスチュワードシップ及びコーポレートガバナンスを推進する新たな団体Investor Stewardship Group（ISG）を設立，スチュワードシップとコーポレートガバナンスに関する原則を制定したことを発表した。
- （注7）　井口（2015a）に詳しい。
- （注8）　エイボンレター：米労働省は年金基金の議決権行使に対する受託者責任を明確化。

3　スチュワードシップ責任と受託者責任[注9]

　従来から，機関投資家には運用に関わる重要な責任として「受託者責任」があった。受益者から預かった資産を注意深く，そして忠実に運用するというものであるが，スチュワードシップ・コードに署名を行った運用機関には，この受託者責任にスチュワードシップ責任という新しい責任が加わることとなる。

(1)　スチュワードシップ責任と受託者責任との関係

　受託者責任とスチュワードシップ責任の関係については，（経営者との対話を不要とし）株価だけを見て投資を行う行動，いわゆる短期志向の投資も受託者責任では許容される一方，スチュワードシップ責任に基づいた投資では，このような短期志向の投資は許容されないことから，筆者は，受託者責任はスチュワードシップ責任を含むより広い責任と解釈している。

①　受託者責任におけるスチュワードシップ活動の意義

　一方で「スチュワードシップ活動（スチュワードシップ責任を果たすための活動）は単なるコストである」として受託者責任との関係に疑問を呈する見解もある。スチュワードシップ活動では，株価パフォーマンスを直接的な目標とせず，コーポレートガバナンスや企業のESG[注10]の取組みなど企業行動の改善を求めることを目標とすることが，このような指摘の背景にあるものと推察する。

　従って，スチュワードシップ活動が受託者責任を果たすことにつながるか否かの判断は，スチュワードシップ活動が目標とする企業行動の改善が中長期的な株価パフォーマンス改善に資

するものであるか否かが重要な論点となろう。

(2) 中長期投資家にとってのスチュワードシップ活動

　この点，コーポレートガバナンスの向上やESG評価の高い企業など企業行動に優れた企業の株価パフォーマンスが中長期的に良好であるという研究結果が，最近，示されるようになっている。投資家にとってのコーポレートガバナンスやESG評価の視点とは，持続的な成長に資する実効的なコーポレートガバナンス体制やESGの取組みが築けているか[注11]であり，コーポレートガバナンスでは，取締役会の経営へのモニタリングを通じ，中長期的な株主価値拡大の姿勢，経営陣への信頼度（アカウンタビリティ），事業戦略の妥当性，資本効率性の維持等が確保されているかがポイントとなる。

① スチュワードシップ活動と株価パフォーマンス

　実際，このような視点で，私の属する運用会社のアナリストは投資先企業のコーポレートガバナンス及びESGの評価（ガバナンスやESG要因が企業価値向上につながっているかの視点で調査対象企業を4つのグループに区分）を行っているが，この評価と株価パフォーマンスの間には強い正の関係があると筆者は判断している[注12]。これは，ひとつの運用会社の例ではあるが，適切にコーポレートガバナンスあるいはESGの評価を行っている中長期投資家であれば同様の傾向がみられると考えている。

　図表1-4は，6年にわたる日本企業約400社に付与したコーポレートガバナンスの評価と中長期的な株価パフォーマンスの関係を示している。最も評価の高い「レーティング1」の企業

図表1-4　スチュワード活動と株価パフォーマンス

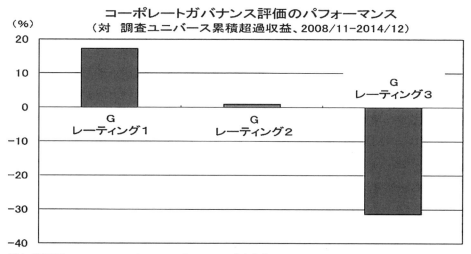

（注）単純平均ベース，ニッセイアセットデータより，筆者作成
（出所）井口（2015c）

群の株価パフォーマンスが，2番目の評価の「レーティング2」の企業群や3番目の「レーティング3」の企業群の株価パフォーマンスを上回っていることが確認できる。

② スチュワードシップ活動は受託者責任を果たす取組み

このような企業行動と株価パフォーマンスの関係が成立すると，受託者責任を果たすにあたって中長期投資家がとるべき合理的な行動は以下の2つとなる。

1点目は，投資家は，短期的な株価変動に惑わされることなく，深みのある企業調査を行い，「コーポレートガバナンスあるいはESGの取組みに優れている"よい企業"」，つまり，持続的な成長力のある企業を見極める。

2点目は，投資家は，投資先企業との対話などを通じ，企業のガバナンスやESGへの取組みが少しでも改善するようサポートする（＝スチュワードシップ活動）。

受託者責任とスチュワードシップ責任の関係を考えるにおいて，この2点目が示唆することは重要である。図表1-4の株価パフォーマンスは，スチュワードシップ活動を通じたコーポレートガバナンス（やESG）の課題の改善は，中長期的な株価パフォーマンス向上に直結し，受託者責任を果たすことにもつながるということを意味しているからである。

このような点から，私は，中長期投資家にとってスチュワードシップ活動は単なるコストではなく，受託者責任を果たすにあたり必要不可欠な取組みであると考えている。

(注9) 井口（2017b）に詳しい。
(注10) ESG：E（環境），S（社会），G（ガバナンス）を表す，本書の第3章を参照。
(注11) 井口（2015c）に詳しい。
(注12) 本書の第3章も参照のこと。

4　日本版スチュワードシップ・コードと企業報告

日本版スチュワードシップ・コードは2017年5月に改訂された[注13]。改訂の主なポイントは，アセットオーナーの役割・責任の明確化（原則1），利益相反管理の強化に伴う「内部ガバナンス」の整備（原則2），企業の状況の把握における社会・環境要素（ESG情報）など非財務情報の重要性の強調（原則3），機関投資家における議決権行使の個別開示と議決権行使助言会社の透明性の確保（原則5），スチュワードシップ活動を行うための「内部ガバナンス」の整備（原則7）である。

(1) 改訂された日本版スチュワードシップ・コード

　今回，改訂となった項目は，日本におけるスチュワードシップ活動をより実りあるものとする観点から各原則の中でも重要と認識されている箇所と考えるが，各原則の内容及び変更内容（筆者抜粋・編集）は以下のとおりである。

（原則1）　スチュワードシップ責任を果たす方針の策定
　スチュワードシップ責任を実行するための明確な方針の策定と公表を行う。アセットオーナーは，運用機関に対し実効的なスチュワードシップ活動を行うようモニタリングを行うとともに，運用機関の選定の際には，スチュワードシップ活動で求められる事項や原則を明確に示すべきである。(改訂箇所：アセットオーナーのモニタリングの役割の明確化)

（原則2）　利益相反管理についての方針の策定と公表
　議決権行使や対話に影響を及ぼし得る利益相反を実効的に管理する明確な方針を策定・公表する。また，独立した取締役会や議決権行使の意思決定や監督のための第三者委員会などのガバナンス体制の整備も行う。(改訂箇所：第三者委員会の設置など内部ガバナンスの整備により利益相反管理の強化)

（原則3）　当該企業の的確な把握
　スチュワードシップ責任を適切に果たすため，当該企業の状況の的確な把握を行う。把握する事項は状況により異なるが，ガバナンス，企業戦略，業績，資本構造，事業におけるリスク・収益機会（社会・環境問題に関連するもの）及びそうしたリスク・収益機会への対応など非財務面の事項も含む。(改訂箇所：E・Sに関するリスク・リターンの視点を追記：ESGへの配慮)

（原則4）　建設的な「目的を持った対話」
　中長期的な視点から持続的成長を促す対話の方針の策定を行う。また，この方針を実践することにより，投資先企業と認識の共有化・課題の改善に努める。パッシブ運用においても，より積極的に中長期的視点に立った対話や議決権行使に取り組む。また，集団的エンゲージメントが有益な場合もある。(改訂箇所：パッシブ運用における対話・議決権行使，集団的エンゲージメントを追記)

（原則5）　議決権の行使と行使結果の公表
　議決権行使の明確な方針の策定・公表を行うとともに，議決権の行使結果を，個別の投資先企業及び議案ごとに公表する。議決権行使助言会社は，利益相反管理，助言の策定プロセス等

第Ⅰ部　新たな投資の潮流

に関する取組みの公表を行う。(改訂箇所：議決権行使結果の個別開示と議決権行使助言会社の判断の透明性を求める)

（原則6）　スチュワードシップ活動の顧客・受益者に対する定期的な報告
　スチュワードシップ活動の定期的な報告を行う。また，議決権の行使活動を含むスチュワードシップ活動を記録に残すべきである。

（原則7）　スチュワードシップ活動を適切に行うための実力を備える
　投資先企業との対話やスチュワードシップ活動に伴う判断を適切に行うための実力を備える。機関投資家の経営陣はスチュワードシップ責任を実効的に果たすための適切な能力・経験を備える。また，スチュワードシップ活動等の改善に向けて，各原則の実施状況を定期的に自己評価し，結果の公表を行う。(改訂箇所：機関投資家の経営陣の資質に関する事項とスチュワードシップ活動の自己評価の公表が求められる)

＜ご参考：日本版スチュワードシップ・コードの概要＞
（原則1）　機関投資家は，スチュワードシップ責任を果たすための明確な方針を策定し，これを公表すべきである。
（原則2）　機関投資家は，スチュワードシップ責任を果たす上で管理すべき利益相反について，明確な方針を策定し，これを公表すべきである。
（原則3）　機関投資家は，投資先企業の持続的成長に向けてスチュワードシップ責任を適切に果たすため，当該企業の状況を的確に把握すべきである。
（原則4）　機関投資家は，投資先企業との建設的な「目的を持った対話」を通じて，投資先企業と認識の共有を図るとともに，問題の改善に努めるべきである。
（原則5）　機関投資家は，議決権の行使と行使結果の公表について明確な方針を持つとともに，議決権行使の方針については，単に形式的な判断基準にとどまるのではなく，投資先企業の持続的成長に資するものとなるよう工夫すべきである。
（原則6）　機関投資家は，議決権の行使も含め，スチュワードシップ責任をどのように果たしているのかについて，原則として，顧客・受益者に対して定期的に報告を行うべきである。
（原則7）　機関投資家は，投資先企業の持続的成長に資するよう，投資先企業やその事業環境等に関する深い理解に基づき，当該企業との対話やスチュワードシップ活動に伴う判断を適切に行うための実力を備えるべきである。

＊筆者，重要箇所に下線

(2) 日本版スチュワードシップ・コードの要諦と高まる企業報告の重要性

日本版スチュワードシップ・コードにある「スチュワードシップ責任」には,「投資先企業やその事業境等に関する深い理解に基づく建設的な『目的を持った対話』（エンゲージメント）などを通じて,当該企業の企業価値の向上や持続的成長を促す…」と定められているが,コードの中で最も重要な原則は,企業価値向上に向け,企業に働きかけを行う「原則4：建設的な『目的を持った対話』」と「原則5：議決権の行使（と行使結果の公表）」と考えている。

① 高まる企業報告の重要性

この原則4の「対話」と原則5の「議決権の行使」は,企業行動に変化をもたらし,企業価値向上に結びつける効果的な対話・議決権の行使のことを意味する。対話においては,企業サイドをも納得させうる高いレベルでの対話が必要となるが,この前提として,企業活動に対する深い理解が必要となる。企業のことを知らない投資家が企業価値向上を目的とした建設的な対話など到底できないであろう。また,企業サイドも,そのような投資家からの対話内容には納得感もなく,行動にも移さないため,企業行動の変化にはつながらないであろう。同様に,当該企業の状況の適切な把握なくして的確な議決権の行使も難しいであろう。

結局,「スチュワードシップ責任を果たす」ためには,原則3の「当該企業の的確な把握」

図表1-5　日本版スチュワードシップ・コードと企業報告

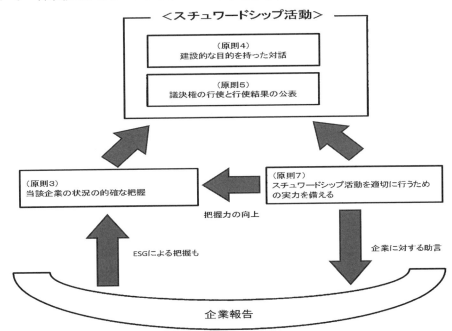

（出所）筆者作成

を行うとともに，原則7の「スチュワードシップ活動を適切に行うための実力を備える」ことによる運用者の対話能力向上が不可欠となる。図表1-5にあるように，原則3と原則7はスチュワードシップ責任を果たすための基礎となる原則となり，この2つの原則を確実に果たすことにより，スチュワードシップ・コードの究極の目標である企業価値向上に向け，企業に働きかけを行う「原則4：建設的な『目的を持った対話』」と「原則5：議決権の行使と行使結果の公表」の適切な実行が可能となるのである。

このスチュワードシップ責任を果たすための基礎となる「原則3」の企業の状況の的確な把握を行うには，財務情報に加えて，企業理念・経営戦略・ステークホルダーとの関係などの非財務情報やESG情報などへの理解を通じた企業活動全般の把握が必要となるが，このことは本書で議論する企業報告の重要性が高まることを意味する。

② スチュワードシップ・コード導入後の投資行動の変化

実際にスチュワードシップ・コード導入後の投資家の姿勢の変化を示しているのが図表1-6である。日本IR協議会の上場企業に対するアンケート結果(注14)だが「スチュワードシップ・コード導入後，投資家との対話は変化しましたか？」という問いに対し，983社のうち37％の企業が「変化した」と回答している。次に，「どのように変化しましたか？」という問いでは，一番多い回答が54.6％で（非財務情報，コーポレートガバナンスに関する議論をするなど）エンゲージメントを意識した質問が増えている，となっている。そして，3番目として42.3％の企業が中長期の持続的な成長に関する質問が増えてきた，と回答している。このように，スチュワードシップ・コード導入後，投資家の行動は確実に変化しつつある。

図表1-6 スチュワードシップ・コード導入により変化する投資行動

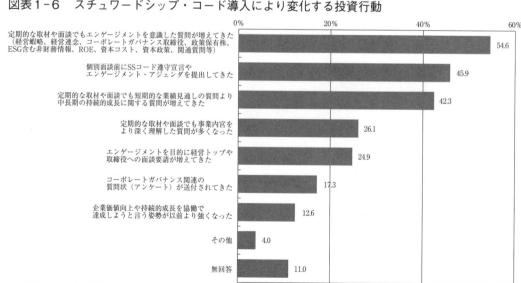

（出所）日本IR協議会（2017）

(3) ICGNグローバル・スチュワードシップ原則とスチュワードシップ・コード

適切なスチュワードシップ活動は，市場毎の異なる法的・文化的な枠組みや市場構造により異なると考えるが，ここでは，金融庁の「スチュワードシップ・コードに関する有識者検討会」[注15]でもひとつの参考意見とされた「ICGNグローバル・スチュワードシップ原則」により，グローバルでのスチュワードシップ・コードの動向を確認する[注16]。

① ICGNグローバル・スチュワードシップ原則

ICGN（International Corporate Governance Network）はグローバルの機関投資家を主体とする組織であり，効率的な市場と持続的な経済の促進に向け，実効的なコーポレートガバナンスの構築と投資家のスチュワードシップの醸成を目的としている。1995年に設立され，会員の運用資産合計金額は26兆米ドル，主要なグローバルの年金基金，大手運用会社が加盟している。「ICGNグローバル・スチュワードシップ原則」[注17]（図表1-7）はこれまで20年間，当該分野を対象として取り組んできたICGNの政策立案の作業を基礎として作成され，2016年6月のサンフランシスコ総会にて承認・公表されている。

企業価値の持続的な向上を目指す投資家の団体であるICGNが，投資家に対しスチュワードシップ・コードの原則を定めている理由は2つある。

ひとつは，企業の持続的な成長を支える良好なコーポレートガバナンスの定着には投資家の"適切な"スチュワードシップ活動が不可欠であるということである。この考え方は，英国で初めてのコーポレートガバナンスに関する原則を定めた「キャドバリー報告書」にもみられることであり，グローバルでも一般的な考え方である。

図表1-7 ICGNグローバル・スチュワードシップ原則

（出所）ICGN（2016）

二つめは，複数の国に投資するグローバル投資家は各国毎のスチュワードシップ・コードに対応する必要があるが，グローバルの文脈で重要となる部分を投資家に伝え，その対応をサポートすることにある。また，各国のスチュワードシップ・コードを置き換えることを目的とはしないが，参考意見として規制当局に情報を提供することも目指している。

② コードを構成する7つの原則

「ICGNグローバル・スチュワードシップ原則」は以下のとおり7つの原則から構成されている。原則の中では，実効的なスチュワードシップ活動の実践のための態勢の構築を最も重要な取組みとし，最初の原則である「原則1」では，スチュワードシップ活動を行うための能力と経験，利益相反管理態勢，ガバナンス態勢に関する原則を定めている（日本版スチュワードシップ・コードでは原則2と原則7に該当）。その後，スチュワードシップ活動に伴う諸施策に関する原則が2から7まで続く構成となっている。主な内容は以下のとおりである。

＜ICGNグローバル・スチュワードシップ原則＞
（原則1） 内部のガバナンス：実効的なスチュワードシップの基盤
（原則2） スチュワードシップ方針の策定・実施
（原則3） 投資先企業のモニタリング及び評価
（原則4） 企業へのエンゲージメントと投資家の協働
（原則5） 議決権行使
（原則6） 長期的価値創造と環境・社会・ガバナンス（ESG）要因の統合
（原則7） 透明性，開示，報告の強化

（原則1） 内部のガバナンス

実効的なスチュワードシップを実践する基盤として，投資家（資産運用会社・アセットオーナー）自身の態勢整備についての原則を定める。受益者のための利益相反の管理やスチュワードシップ活動を実践するための能力・経験を確保する態勢の整備などを必要としている。

（原則2） スチュワードシップ方針の策定・実施

スチュワードシップ方針の策定や定期的な方針（そして体制）の点検を推奨する。また，アセットオーナーについては，受託者責任まで資産運用者に委任できないとし，資産運用者にスチュワードシップ活動を実践させるための仕組み作りの必要性に言及している。その方策として，運用委託契約の活用，実効的なモニタリングの実施，委託時に資産運用者の能力を見極めることを挙げている。パッシブ運用者を採用する場合には，特に資産運用者の能力の見極めが重要になるとしている。

（原則3）　投資先企業のモニタリング及び評価

　投資先企業及び投資候補先企業に対するモニタリングとともに，このモニタリングをエンゲージメントプログラムに組み込むことの重要性を強調する。また，投資先企業がコーポレートガバナンス・コードに準拠しない項目がある場合，説明の質（Quality of explanation）を慎重に評価する必要があるとしている。

（原則4）　企業へのエンゲージメントと投資家の協働

　投資先企業へのエンゲージメントを推奨するとともに，投資の性質や保有割合によりエンゲージメントの在り方は様々であり，限られた資源を有効に活用する戦略を採用する必要があるとしている。また，投資家がエンゲージメントを行うにあたっては，ガバナンスチームとポートフォリオマネージャー・チームが一緒に行動する統合的アプローチが望ましいとする。他の投資家との協働への準備にも言及している。

（原則5）　議決権行使

　議決権行使の判断においては，適切な注意と判断の下，十分な情報に基づき，独立した議決権行使の判断に努めることが必要とした上で，議決権行使方針の策定と公表，議決権行使結果の定期的な公表，貸株に関する方針の策定と公表，議決権行使サービス会社の活用度合いの公表などを定める。

（原則6）　長期的価値創造と環境・社会・ガバナンス（ESG）要因の統合

　企業の持続的な成長の促進に努めるため，投資家は長期志向になるべきであり，投資先企業のビジネスモデル・戦略・長期業績に影響するESG要因をモニタリングするとともに，ESG要因を議決権行使・エンゲージメントなどのスチュワードシップ活動へ統合すべきとしている。また，情報収集のため，投資家は，投資先企業に対し，ESG情報が含まれる統合報告を勧奨することが推奨されている。また，システマティックな脅威に対する意議も高めるべきとしている。

（原則7）　透明性，開示，報告の強化

　スチュワードシップ方針・活動を公表するとともに，十分な説明責任を果たすため，スチュワードシップ責任の履行状況について受益者・顧客にも報告を行うことが推奨されている。また，スチュワードシップ方針・活動の公表内容も定期的に点検すべきとしている。

③　日本版スチュワードシップ・コードとの比較

　このようにICGNのスチュワードシップ原則をみると「日本版スチュワードシップ・コード」

と目指すところや指摘するポイントはほぼ同じであるが，その強調する点において相違があることがわかる。主な相違点は，①ICGN原則ではESG要因が「原則」に定められている（日本のコードでは指針に定める），②利益相反管理は日本版コードにおいてより重きが置かれている，ことであろう。

最初の①の点については，後述するように，欧米では経営者の高額報酬に代表される社会格差や気候問題など資本市場自体のシステマティックなリスクの低減について投資家の間で論じられることが多く，この議論をより色濃く反映したものであると考える。一方，②の利益相反管理に関しては，日本の場合，投資先企業に対しスチュワードシップ活動を行う運用会社が大手金融グループに属することが多いため，親会社との関係などにおいて利益相反の管理により重きを置かれたものと認識している。

このように，各国のスチュワードシップ・コードは目指す方向性は同じながらも，各地域の法的・文化的な枠組みや企業・投資家の置かれた状況により，スチュワードシップ活動やモニタリングの手法の適切さも異なるため，当然のことながらスチュワードシップ・コードにおいて強調される原則や指針も異なるものと考えている。

(4) スチュワードシップ活動の範囲の広がり

ここまで議論してきたスチュワードシップ活動は直接的に企業価値（将来の企業利益）の向上を目指す活動であった。しかし，この活動が更に発展し，深刻化する環境問題，サプライチェーン問題（調達）など社会課題の改善に焦点をあて，その課題の解決を企業に求めるスチュワードシップ活動も活発化している。

① ユニバーサル・オーナーズ仮説

本書の第4章でも取り上げるが，実際に海外では，気候変動課題（Climate Change）の改善を狙い，企業の気候変動の取組みに関する一段の開示を要求する株主提案が出され，投資家からの多くの支持を受けている（"Aim for A" 運動）。また，2015年のパリ協定合意前夜に投資家としての貢献を目指し，2014年に発表された「モントリオール・プレッジ（モントリオールの誓い）」（図表1-8）は，ポートフォリオで保有する企業のCO_2排出量を計測し，公表することを求める。その先には，投資家が投資先企業のCO_2排出量の低減に働きかけることを意図しているものと推察される。

このような社会課題の解決を目指し，これに対する企業の貢献を要求する投資家の考え方を正当化するものとして「ユニバーサル・オーナーズ：Universal Owners仮説」がある。超長期の投資期間を持ち，かつ，グローバルで大きな運用残高を保有する投資家にとって，運用リターンを向上させるためには，個別の企業だけでなく，市場全体，それを支える社会全体をよくする必要がある。従って，株式市場あるいは企業価値に取り込まれていない"負の外部性：

図表1-8　モントリオール・プレッジ

（出所）PRI

negative externalities"をも低下させる必要があるというものである。

　運用会社の年金運用では，長期といってもその投資期間は5年程度がせいぜいであろう。一方，年金基金や基本的に売買をせず，保有を継続するパッシブ運用者[注18]の投資期間は10年を大きく超えよう。この投資のタイムホライズンの差により，重要となる投資情報が異なり，スチュワードシップ活動の範囲にも差異が生ずるともいえる。

　ユニバーサル・オーナーズ仮説では，スチュワードシップ活動が対象とする範囲も大きく拡大することとなるが，このような事象を強く意識する欧米の投資家の間では，当該事項を"システマティック・リスク"とし，これを積極的に低減させようとする姿勢もみられる。

② 適切なスチュワードシップ活動の範囲の設定

　一方で，受託者責任を背負う各機関投資家は，投資先企業の中長期的な企業価値への影響度合いや委託されている資金の投資期間なども考慮に入れながら，自らのスチュワードシップ活動に対し適切な範囲を設定する必要があろう。

(注13)　スチュワードシップ・コードに関する有識者検討会（2017）
(注14)　日本IR協議会（2017）
(注15)　金融庁HPの「スチュワードシップ・コードに関する有識者検討会」第1回（平成29年1月31日開催）の議事録参照。
(注16)　井口（2017b）に詳しい。
(注17)　ICGN（2016）
(注18)　パッシブ運用者については第3章参照。

5 ま と め

　最初の章である**第1章**では，グローバルの長期志向の潮流とスチュワードシップ活動定着に向けた動きが投資家の行動に及ぼす影響について考察した。

　日本では，日本版スチュワードシップ・コード導入以降，投資家の行動が中長期化しているが，2008年の金融危機への反省を背景として，グローバルでも長期志向，そしてスチュワードシップ活動定着の動きが拡大している。従って，現状の日本のスチュワードシップ活動定着と投資家の中長期志向化の動きは止まることはないと予想する。また，適切なスチュワードシップ活動は中長期的な株価パフォーマンスの向上につながるため，受託者責任とも整合的であり，中長期投資家にとって，スチュワードシップ活動は必要不可欠の取組みであると考えている。

　日本版スチュワードシップ・コードに定められる項目の中でも最も重要になる原則は，企業価値向上に向け，企業に働きかけを行う原則4の「建設的な『目的を持った対話』」と原則5の「議決権の行使」であるが，この両原則を果たすためには，原則3にある「当該企業の状況の的確な把握」が不可欠であり，本書で主な議論の対象となる「企業報告」はスチュワードシップ活動の深化とともに重要度を増すと考えている。

第2章 財務報告サプライチェーンの再強化

1 はじめに

　スチュワードシップ・コード導入に伴い，企業の状況を適切に把握することが一段と重要となり，「中長期視点の企業情報（非財務情報）」とともに，企業の将来業績を予測するための「財務情報」の重要性も増している。一方，近年，日本国内では大きな会計不祥事が生じ，財務情報に対する信頼の回復が大きな課題となっている。

　一連の企業会計の不祥事を受け，2016年3月に開催された「会計監査の在り方に関する懇談会」[注19]の提言の序文では，「資本市場の信頼性を確保し，成長資金が供給されるようにしていくためには，企業が財務情報を適正に開示することが必要である。また，企業が経営戦略を策定し，持続的な成長・中長期的な企業価値の向上を目指すうえでも，自らの財務状況を的確に把握し，株主・投資家等と共有することが不可欠である。会計監査は，このような企業による財務状況の的確な把握と適正な開示を確保し，その適正・円滑な経済活動を支え，これを日本経済の持続的な成長につなげていく前提となる極めて重要なインフラである。」と中長期的な企業価値向上における財務報告の重要性と適正財務情報の確保のための会計監査の重要性を指摘している。

　この章では，会計監査を中心に財務情報が利用者に届けられる仕組み（財務報告サプライチェーン）の内外の動向を振りかえるとともに，投資家として望ましい財務情報の適正性確保について議論する。特に，監査報告書の透明化について焦点をあてる。

(注19)　会計監査の在り方に関する懇談会（2016）

2 財務報告サプライチェーン

　適正な財務報告が確保されるためには，規制当局の関与や外部監査を行う監査法人（監査人）のみならず，財務情報の作成者である企業（経営者，及び，それを監督する監査役会等），財

務情報の利用者である機関投資家が自らの役割を認識し，積極的にその責任を果たすことが重要となる。

(1) 財務報告サプライチェーン強化の動き

財務情報の作成から報告にまで至る一連の情報の流れを示した「財務報告サプライチェーン」の概要を図表2-1に示している。財務報告サプライチェーンの主な参加主体としては，規制当局の他に，機関投資家を主とする利用者，外部監査を行う監査法人，財務報告を作成する企業がある。

図表2-1では，財務諸表作成の方法を示した会計基準に基づき，企業が財務情報を策定する（図表2-1の左下）。監査法人に属する監査人が監査基準などに基づき，財務情報の適正性を監査し監査意見を策定する（右下），そして，この監査された財務諸表と外部監査人の監査報告書が機関投資家を主とする利用者に提供されることが示されている。企業と監査人の間で両方向の矢印が記載されているが，これは，監査の過程において，経営陣・監査役等と外部監査人のコミュニケーションが行われることを示している。

現在，この財務報告サプライチェーンの強化に向けて，このサプライチェーンへの参加主体あるいは各参加主体の関係について様々な改革が進められている。参加主体の役割と強化策は以下のとおりである。

図表2-1 財務報告サプライチェーンの再強化

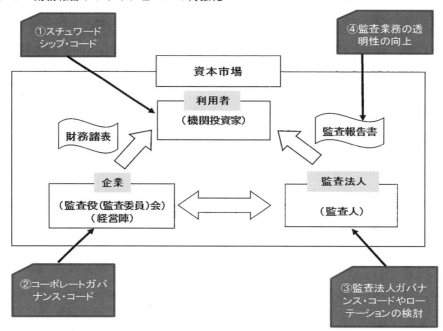

（出所）「グローバル会計・監査フォーラム（2017年7月）」での日本公認会計士協会提出資料を参考に筆者作成

<利用者(主に機関投資家)>

　第1章で論じたように,主な利用者である機関投資家に対してはスチュワードシップ・コードが導入されているが(図表2-1の①),その原則3では「当該企業の状況の的確な把握」が定められている。この原則を果たすにあたり,投資家は企業の業績結果を示す財務情報をより活用することとなるため,「財務報告」及び「監査」の活用度も上がることとなる。財務報告サプライチェーンの円滑な運営には財務情報の利用者の注目が欠かせない。

<作成者(企業)>

　財務情報の作成者である企業に対しては,コーポレートガバナンス・コード[注20]が導入されている(図表2-1の②)。コーポレートガバナンス・コードの原則3-2(外部会計監査人)では,外部会計監査人が株主・投資家に対して負う責任を認識するように改めて定められているが,同原則の指針でも,外部会計監査人を適切に評価するための基準の策定,外部会計監査人と監査役との十分な時間の確保を求められている。

【原則3-2．外部会計監査人】
　外部会計監査人及び上場会社は,外部会計監査人が株主・投資家に対して責務を負っていることを認識し,適正な監査の確保に向けて適切な対応を行うべきである。

　原則4-11(取締役会・監査役会の実効性確保のための前提条件)では,外部監査人と共同して財務報告の適正性を確保する任にある監査役には,財務・会計に関するスキルが必要とされている。

【原則4-11．取締役会・監査役会の実効性確保のための前提条件】
　(前略)監査役には,財務・会計に関する適切な知見を有している者が1名以上選任されるべきである。(以下,省略)

　このようにコーポレートガバナンス・コードでは,株主・投資家に対する適正な財務報告が重要であることを強調するとともに,企業にはその再認識と財務報告を的確にモニタリングできる体制の確保を求めている。

<外部監査人>

　外部監査人については,財務諸表の信頼性を担保する規範となる監査基準の改訂が実施されてきた。会計不祥事を受け,2013年には,監査における『職業的専門家としての懐疑心』の観点を盛り込んだ「監査における不正リスク対応基準」[注21]の設定など監査基準の変更が行わ

れている。しかし，このような強化策にもかかわらず，その後も，大規模な会計不祥事が発生したため，2016年3月に，金融庁は「会計監査の在り方に関する懇談会」を開催，会計監査の品質向上に向けた提言をまとめた[注22]。提言の主な内容は以下のとおりである。

a) 監査法人のマネジメント強化を目指した「監査法人のガバナンス・コード」の導入（図表2-1の③）
b) 会計監査に関する情報の株主等への提供を目指した会計監査に関する開示内容の充実（図表2-1の④）
c) 監査法人の独立性の確保を目指した監査法人のローテーション制度についての調査の実施（図表2-1の⑤）

上記3つの施策とも重要であるが，本章では，企業報告に直接的に大きな影響を持つ，b)の会計監査に関する開示内容の充実，「監査報告書の透明化」に焦点をあてる。なお，a)の監査法人のガバナンス・コードについては補論にて議論する。

(2) 監査報告書の透明化の動き

現状の日本の監査報告書は，図表2-2のとおり，定型的な文面と財務諸表が適正と認められるか否かの監査意見（Pass/failモデル）のみ（図表の「監査意見」の箇所）で構成されており，利用者にとっての情報価値は限定的なものとなっている。この監査報告書を変革しようとする動きが「監査報告書の透明化」である。

① グローバルの監査報告書の改革の動向

グローバルでも，財務報告の複雑化や2008年頃の金融危機を受け，現行の監査報告書が利用者の情報ニーズに適合していないとして，「監査報告書の透明化」の議論が活発化している。EUでは2010年10月に「監査に関する施策：金融危機からの教訓（グリーンペーパー）」，米国では2011年6月に，監査基準策定の責務を持つPCAOB（公開会社会計監視委員会）[注23]から「監査した財務諸表に対する報告に関連するPCAOB基準の改訂に関するコンセプト・リリース」が公表された。

その後も，この動きは加速しており，2009年から監査プロジェクトを開始していた国際監査基準の設定主体であるIAASB（国際監査・保証基準審議会）[注24]は，2012年6月に「監査報告書の改善（Improving Auditor's Report）」を発表，利害関係者・市場関係者からの意見募集を経たのち，正式に，2015年1月に国際監査基準（ISA）701として「独立監査人の監査報告書における監査上の主要な事項のコミュニケーション」を最終化し，発表した。この基準では，財務諸表が適正と認められるか否かの監査意見（Pass/failモデル）に加え，会計監査人が会計監

図表2-2　監査報告書

独立監査人の監査報告書

〇〇株式会社
　取締役会　御中
　　　　　　　　　　　　　　　　　〇〇監査法人
　　　　　　　　　　　　　　　　　　指　定　社　員
　　　　　　　　　　　　　　　　　　業務執行社員　　公認会計士　〇〇印

　当監査法人は、金融商品取引法第193条の2第1項の規定に基づく監査証明を行うため、「経理の状況」に掲げられている〇〇株式会社の平成×年×月×日から平成×年×月×日までの連結会計年度の連結財務諸表について監査を行った。

経営者の責任　（略）

監査人の責任　（略）

監査意見
　当監査法人は、上記の連結財務諸表が、我が国において一般に公正妥当と認められる企業会計の基準に準拠して、〇〇株式会社及び連結子会社の平成×年×月×日現在の財政状態並びに同日をもって終了する連結会計年度の経営成績及びキャッシュ・フローの状況をすべての重要な点において適正に表示しているものと認める。

利害関係　（略）

　　　　　　　　　　　　　　　　　　　　　　　　　　　　　　　以　上

（出所）金融庁　企業会計審議会　監査部会　資料から筆者抜粋

査を行う上で重要と判断した項目であるKAM（監査上の主要な事項），KAMを記載すると判断した理由や対応などに関する記述が求められている。「監査報告書の透明化」である。

② 地域別の動向

　国別・地域別の監査報告書の改革の動きであるが，英国においては，IAASBの基準の最終化に先立つ2012年10月1日以降開始の事業年度からコーポレートガバナンス・コード適用企業の監査報告書の改訂（監査報告書の透明化）が始まっている。

　米国でも2017年6月にPCAOBが，監査報告書の透明化に関する最終基準を採択，大規模早期提出会社には，2019年6月30日以降に終了する事業年度から新基準が適用されることとなる（SECは2017年10月に承認）。その他，グローバルでは，EUを含め，多くの国で監査報告書の透明化が進められている状況にある（図表2-3参照）。

　日本でも，2017年9月に開催された金融庁の企業会計審議会総会において，監査報告書の透明化について，監査部会で検討されることが正式に決定され，10月から議論が開始されている。

第Ⅰ部　新たな投資の潮流

図表2-3　監査報告書透明化に関するグローバルの状況

英国
2012年10月1日以降開始事業年度から適用
（12月末決算：2013/12期）

国際監査・保証基準審議会（IAASB）
2016年12月15日以降終了事業年度から適用＊
オーストラリア、香港、ニュージーランド、中国、シンガポール、南アフリカ、北欧3か国、ブラジル等

カナダ
2018年12月15日以降終了事業年度から任意記載可能

インド
2018年4月1日以降開始事業年度から適用（12月末決算：2019/12期）

2000年代後半　金融危機

2013　2014　2016　2017　2018　2019　2020

オランダ
2014年12月15日以降終了事業年度から適用

欧州連合（EU）
2016年6月17日関連規則適用開始
（12月末決算：2017/12期）

米国PCAOB
◆監査上の重要な事項：
・大規模早期提出会社：2019年6月15日以降終了事業年度から適用（12月末決算：2019/12期）
・それ以外：2020年12月15日以降終了事業年度から適用
◆監査上の重要な事項以外：
・2017年12月15日以降終了事業年度から適用

＊早期適用実例あり：
オーストラリア、スイス、シンガポール、ドイツ、香港、ポーランド、南アフリカ等

出典：日本公認会計士協会公表資料より金融庁作成

（出所）金融庁　企業会計審議会監査部会　事務局提出資料から筆者抜粋

(3) 監査上の主要な事項（KAM）の導入

前記のとおり，IAASB は，2015年に，「監査報告書の透明化」を目的とし，新しい国際監査基準（ISA）であるISA 701「独立監査人の監査報告書における監査上の主要な事項のコミュニケーション」を策定したが，この背景には，機関投資家を主とする利用者は，財務諸表の監査に関する，より目的適合性があり，意思決定に有益な情報を求めているという認識があった。この監査報告書の透明化の中で重要な働きをするのが「監査上の主要な事項（KAM: Key Audit Matter）」（以下，KAM）の設定と開示である。

① KAMとは

KAMの定義は，「監査人が統治責任者にコミュニケーションを行った事項から選択され，当事業年度の財務諸表監査において監査人の職業的専門家としての判断によっても重要であると判断された事項」とされる。

IAASBは，投資家，監査人，各国の監査基準設定主体を含めた利害関係者から，KAM導入により，監査報告書がより目的適合性のある情報価値の高いものとなるとの意見を得ていると

し，導入のメリットとして以下の5点をあげている。

> ＜KAM記載による便益＞
> ① 利用者にとっての情報価値の向上
> ② 監査報告書の利用者，監査人，ガバナンス責任者間の対話強化
> ③ 開示されるKAMに対し，経営者及びガバナンス責任者が一層の注意を払う
> ④ KAMに選定した領域への監査人の職業的懐疑心の高まり
> ⑤ 監査品質の向上と監査品質に対する利用者の認識の高まり
>
> ＊「ガバナンス責任者」とは，日本の場合は，監査役，監査役会，監査等委員会，監査委員会を想定しているものと考える（筆者説明）
>
> ＜IAASB議長講演会資料（2015年10月）を，筆者一部修正の上，作成＞

　上記のKAM導入による便益に対する筆者の考えは次のとおりである。①の利用者にとっての情報価値向上では，KAM開示による「新たな情報の提供」は投資家の投資判断や対話などのスチュワードシップ活動の向上に資する。詳細の説明については本章の後段で行う。②と③については，KAM開示により，企業及び外部監査人は一段と対外的な説明力を求められるため，外部監査人とガバナンス責任者の対話の活発化，あるいは，企業経営者がKAM指摘事項の改善に向け，より真剣に取り組むことが期待される（コーポレートガバナンスの改善）。⑤については，株主総会で外部監査人選任に関する議決権を有する株主が，KAM開示に伴い外部監査人の監査品質を認識できるようになれば，株主の要求も踏まえた品質の高い外部監査人が選任されることができるようになる。この好循環は資本市場全体の監査品質の向上に寄与すると期待できる。

　このように，KAM導入は，スチュワードシップ活動の高度化，コーポレートガバナンスの改善，監査品質の改善を通じ，財務報告サプライチェーン全体のクオリティ向上につながると考えている。

　② KAMの選定プロセス

　KAM選定は，図表2-4のとおり，監査人がガバナンス（統治）責任者とコミュニケーションを行った項目の中から，「特に注意を払った事項」（ステップ①），「監査において最も重要な事項」（ステップ②）を考慮して決定することとなる。

第Ⅰ部　新たな投資の潮流

図表2-4　KAM決定のフレームワーク

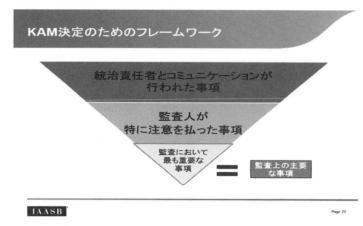

（出所）IAASB議長の講演会資料（2015年10月）から筆者抜粋

＜ステップ①：監査人が特に注意を払った事項＞
- 特別な検討を必要とするリスク又は重要な虚偽表示リスクが高いと評価された領域
- 重要な経営者の判断を伴う領域（例えば，複雑な会計上の見積り）に関連する重要な監査人の判断
- 重要な事象又は取引が監査に与える影響

＜ステップ②：監査において最も重要な事項＞
- 統治責任者とのコミュニケーションの内容及び程度
- 想定される財務諸表の利用者が財務諸表を理解する上での重要性
- 対応するために必要な監査作業の内容及び範囲
- 関連する会計方針の内容，複雑性又は主観性
- 不正又は誤謬による，修正済みの虚偽表示及び集計された未修正の虚偽表示の性質及び金額的又は質的な重要性（該当する場合）
- 当該事項に関連して識別された内部統制の不備の程度（該当する場合）
- 監査手続の適用，手続の結果の評価，及び適合性と証明力のある証拠の入手の際に伴う困難の内容及び程度

---

③　記載事項

　監査報告書の透明化に伴うKAM関連の記載事項として，以下の事項について簡潔かつバランスのとれた説明の提供を意図して記載することとされている。

<KAM関連の記載内容：KAM選定の理由，監査上の対応>
(ⅰ) 財務諸表に関連する開示の場合は関連する開示情報への参照が常に含まれること
(ⅱ) KAMが監査においても重要な事項である「理由」
(ⅲ) 当該事項に対する「監査上の対応」

　なお，利用者がKAMの内容について的確に理解するには，KAMの記述だけでなく，上記(ⅱ)の「KAM選定の理由」，(ⅲ)の（KAMに対する）「監査上の対応」に関する情報は重要となる。「監査上の対応」に関しては，監査人の対応又はアプローチの特徴，実施した手続の簡潔な説明，監査人の手続の結果を示す記述，当該事項に関する主要な所見が記載することとされている。IAASBからKAM記載に伴う「KAM選定の理由」と「監査上の対応」の（のれんに関する）事例が示されている。

のれん
<当該事項がKAMであると判断した理由>
　グループは，国際財務報告基準に準拠して，のれんの金額に関して年次で減損テストを実施することが要求されている。20X1年12月31日時点での残高XXは財務諸表において重要であり，したがって，監査上，減損テストの検討は重要であった。また，経営者の評価プロセスは複雑であり判断の度合が高く，様々な仮定が使用されている。特に，［特定の仮定を記載する］は，［国又は地理的領域の名称］における，将来の市況や経済状況に関する予測による影響を受ける。

<当該事項の監査上の対応>
　私たちは，グループが使用した仮定及び手法（特に，［事業の内容］の売上の成長及び利益率の予想）の評価に際して，評価の専門家を利用した。私たちは，減損テストの結果の感応度が高く，よって，のれんの回収可能価額の決定にも重要な影響を与える仮定に関する，グループの開示の適切性にも特に注意を払った。

<Auditor reporting-Illustrative key Audit Matters　April22, 2015>

　また，監査に関する深い知識を必ずしも有していない財務諸表利用者も理解できるよう，「決まり文句」的（ボイラープレート）的な表現は避け，各社特有の表現が望ましいとされている。

（注20）　東京証券取引所（2015）

第Ⅰ部　新たな投資の潮流

(注21)　金融庁企業会計審議会監査部会（2013）
(注22)　会計監査の在り方に関する懇談会（2016）
(注23)　PCAOB：Public Company Accounting Oversight Boardの略で，米国の会計不祥事に伴い，「Sarbanes-Oxley Act（サーベインズ・オクスレー法）」（企業改革法：SOX法）（2002年）に基づき設置された。監査基準の設定の他，会計事務所の監督を行う。
(注24)　IAASB：The International Auditing and Assurance Standards Boardの略で，国際会計士連盟（IFAC：International Federation of Accountants）内に設置され，国際監査基準（ISA：International Standards on Auditing）の設定を行う。多くの国で，国際監査基準を踏まえつつ，監査基準の設定が行われている。

(4) 英国における監査報告書の透明化の経験

　監査報告書の透明化（及びKAMの導入）をすでに実施している英国では，規制当局であるFRC（Financial Reporting Council）が，監査報告書の導入状況についてレビューを行い，その状況についての報告書[注25]を公表している。この節では，この報告書から日本の監査報告書の透明化に関する議論に示唆となる事項について取り上げ考察を行う。

図表2-5　KAMとなる項目の分布

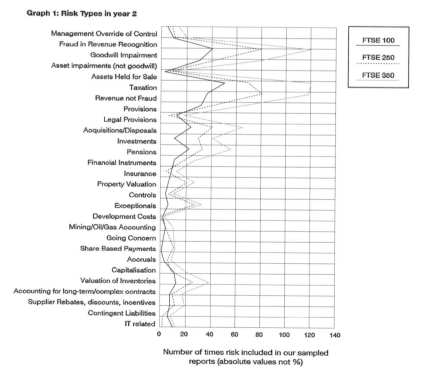

（出所）FRC（2016a）

① KAMとなる項目

図表2-5では，監査報告書においてKAMとして挙げられた（会計）項目を示しているが，「のれんの減損リスク（Goodwill impairment）」「保有資産の減損リスク（Asset impairment (not goodwill)）」「収益認識の不正リスク（Fraud in Revenue Recognition）」といった項目が多く挙げられていることがわかる。これらの項目は経営者の見積もりが織り込まれているものであり，また，日本における過去の会計不祥事の項目とも重なっており，投資家として共感を感じる調査結果となっている。

② KAMの業種別分布

図表2-6は，監査報告書に記載されたKAMの数を業種毎に集計したものである。KAM選定プロセスで議論したように，KAMの内容や数は，各企業の固有の状況により毎年変わりうるものだが，平均すれば4個程度を中心に，業種毎に差異が出ていることがわかる。多い業種は，公益（Utilities），通信（Telecommunications），石油・ガス（Oil & Gas），鉱業（Metals & Mining）などとなるが，このような違いは，業種毎に直面している事業リスクなどが異なるか

図表2-6　KAMの業種別の分布

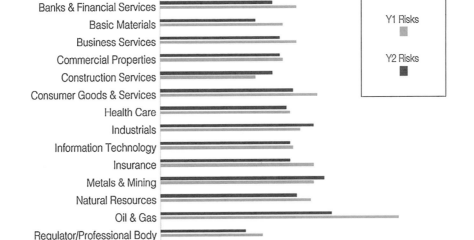

Source: **FRC analysis**

（出所）FRC（2016a）

第Ⅰ部　新たな投資の潮流

らであり，厳密にいうと企業毎にもKAMの数及び内容は異なることとなろう。

③　各社固有の表現＜ボイラープレート化を避ける＞

また，KAMの記載にあたってはボイラープレート的な表現から各社固有の表現へということが期待されている。図表2-7は，大手監査法人毎に「ボイラープレート的な表現（Generic/Standardised）」と「各社固有の表現（Granular/Specific）」で書かれている「監査報告書」の割合を示したものである。

KAMの導入初年度には50％近い監査報告書がボイラープレート的な表現が使われていたにもかかわらず，1年目（YEAR1）から2年目（YEAR2）にかけて「各社固有の表現（Granular/Specific）」が増し，監査報告書の情報価値が向上していることが確認できる。この背景には，機関投資家を中心とする利用者の声，監査法人のスキルの蓄積，監査法人と企業サイドのコミュニケーションの高度化があったものと推察される。

日本でも，監査報告書へのKAM導入に伴うボイラープレート化を懸念する声はある。しか

図表2-7　監査報告書の説明文章

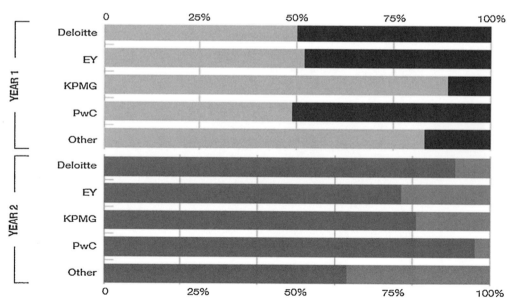

(出所) FRC (2016a)

し，英国の経験に基づけば，導入の初年度は，ボイラプーレート的な表現であったとしても，導入以降の取組みにより，各社固有の表現に基づいた表現に改善されるものと期待している。

(注25) FRC（2016a）

3 監査報告書の透明化に投資家が期待すること

本章において，すでに，投資家にとっての「監査報告書の透明化」の有用性について触れてきたが，この節では改めて，その有用性について論じる。

(1) 投資判断における有用な情報の提供

現状の短文式の監査報告書は，監査人の意見が「明確」に記載されているという点で有用な情報が提供されていると考える。ただ一方で，情報の内容は「財務諸表が適正であるか，あるいは，不適性であるか」の両極の情報の表示のみであり，投資家は突然の「のれんの減損」あるいは「不適切な会計」などで驚かされることとなる。

第1章で議論したように，スチュワードシップ・コードの時代，投資家はスチュワードとして資金委託者に対し報告を求められる。そして，投資先企業に何かあったときは，利用可能な情報の中で自らの投資判断に間違いがなかったかを検証する必要がある。監査報告書の外部監査人の意見だけにその責任を転嫁することはできないのである。従って，外部監査人と監査役等が財務諸表の監査プロセスにおいて議論した中で外部監査人が「監査において最も重要な事項」としたKAM等の開示は投資において有用な情報となる。

投資家のKAM及びKAM関連情報の利用方法

監査報告書の透明化により，開示されるであろうKAM，及び，KAM選定の理由，監査上の対応，の主な利用方法として，以下の4点を挙げる。

(i) 財務諸表の適正性の確認・企業との対話のポイントの提供

最近，会計基準（「のれん」の他にも「収益認識基準」など）での経営者見積もりの要素が大きくなっている。このため，投資家にとって財務情報に対する信頼性の確保・確認が大きな課題となっている。

このような中，KAMは財務諸表において，投資家に財務情報における確認ポイントを提供するという役割を果たす。また，「KAM選定の理由」と「監査上の対応」は，監査人と監査役及び経営者の間で健全な議論がなされていることを示し，投資家に対し一定の安心感を与えるとともに，その記載内容は，財務諸表に関する企業と投資家の対話のガイドにもなりうるもの

と考えている。

(ⅱ) 経営者の将来見通しの確認

すでに英国の例でも確認したように，KAMとして挙げられる項目には，のれんの評価や資産評価など経営者の将来の見通し（中長期の経営計画）が評価の基礎となっている項目が多い。投資の中長期指向化が進む中，のれんなどに織り込まれている経営者の将来見通しは重要な情報となるため，投資家とは異なる方向から監査をすすめた外部監査人の見方は有用な情報となる。

例えば，店舗やのれんの資産計上額の評価には，経営者の将来の見積もりや経営計画が織り込まれているが，その見積もりは中長期業績を作成するアナリスト投資家にとっても重要な情報となる。実は，経営者の見積もりに関する外部監査人の「監査上の対応」で示される手法（DCF法）は企業価値を算出する中長期投資家の視点と重なる部分が多い（第3章参照）ため，経営計画の将来における持続性を判断する上でも有用な情報となりうるのである。

(ⅲ) 外部監査人のクオリティ確認

投資家として，議決権の行使で一番難しい判断のひとつが外部監査人の選解任の判断である。外部監査人のクオリティが判断できないからである。KAM及びKAM関連情報の開示を通じ，外部監査人のクオリティが把握できるようになれば，より説明力（アカウンタビリティ）のある議決権の行使判断が可能になると考える。ここでいう外部監査人のクオリティとは，利用者の目線と同じか否か，ということになる。

また，近年，財務諸表の隙間をついて，売りを仕掛けるヘッジファンドが日本市場でも見られるようになったが，ヘッジファンドの主張の妥当性を判断するにあたって，外部監査人のクオリティが信頼できるかどうかは重要なポイントとなる。

(ⅳ) コーポレートガバナンスの改善

ここまで述べてきたのは，監査報告書の透明化による追加的な情報価値の提供だが，もうひとつ，投資家が期待することは，KAMの選定と開示を通じたコーポレートガバナンスの改善である。実際，グローバルの投資家にはこのことを求める傾向が強い。このコーポレートガバナンスの改善についてはグローバルの見方も加え，(2)以降で説明する。

(2) 監査報告書の透明化によるコーポレートガバナンスの向上

グローバルの機関投資家団体であるICGNが，2015年12月に，金融庁と東京証券取引所が主催する「スチュワードシップ・コード及びコーポレートガバナンス・コードのフォローアップ会議」に提出した意見書を下記に示している。

コーポレートガバナンス向上においてどのような事項を望んでいるかについての意見書から監査の重要性について言及している箇所を抜粋している。監査に関する追加情報（additional information from auditor report），これはKAM等の開示のことを意味しているが，この開示は監査の透明性を高めるとともに，この開示に基づき，投資家も監査について経営陣，監査役等と議論できるようになるため，監査クオリティの向上につながるとしている。

> In terms of disclosure about activities of external auditors, ICGN believes <u>additional information from auditor report is needed following International Auditing and Assurance Standard Board (IAASB) initiatives. This could lead to improving the quality of external auditors in Japan.</u>
>
> Altogether, internationally focused foreign investors are careful investing in Japanese companies if they do not completely understand the corporate governance structure and the audit, risk and control best practices.
>
> （出所）　ICGN「スチュワードシップ・コード及びコーポレートガバナンス・コードのフォローアップ会議（2015年12月）」への意見書より筆者抜粋，重要箇所に下線

① 　KAM等の指摘事項に対する経営陣・監査役等の対応

前節で議論したように，投資家にとって，外部監査人が指定するKAM等は，それ自体が有用な情報となるが，企業行動の意思決定を行う経営陣やこれをモニタリングする監査役等が，このKAM等を認識し，どのように対処したか，ということも極めて重要な情報となる。

実際，IAASBの監査基準案に対し，機関投資家団体のICGNと海外大手年金基金CalPERSが出した意見書（筆者抜粋）をみると，最初のICGNの意見書では，「監査報告書の改革だけではなく，経営者や監査委員会が果たした役割も開示することが望ましい」とあり，CalPERSが出した意見書でも，同様に監査委員会の役割の重要性が指摘されている。

> ICGN, 24 September 2012
> "<u>Reforming the audit report alone is not sufficient</u>. To ensure relevant, reliable and understandable information is provided in Annual reports <u>the role played by management as well as the audit committee are just as important</u>. Enhanced disclosure enable institutional investors to act as engaged."

第Ⅰ部　新たな投資の潮流

> CalPERS, October29, 2012
> "The audit committee's role is paramount and should be emphasized in the process of improving the auditor's reporting role."
>
> （出所）ICGNとCalPERSのIAASBへの意見書から筆者抜粋

② 英国における監査委員会の対応

英国では，コーポレートガバナンス・コード（注26）で，監査委員会が財務諸表において重要と考える事項，その事項にどのように対応したかについて，監査委員会の報告書で記載することを定められている。コーポレートガバナンス・コードでは，必ずしも，監査報告書に記載されている外部監査人のKAMに対する対応とは定められていないが，現実には，監査委員会の財務諸表で重要と考える事項の多くはKAMと重なる場合が多いため，投資家は開示書類で監査委員会のKAMに対する対応が理解できる仕組みとなっている。

さきほどの英国FRCの報告書では，監査報告書に記載されているKAMについて，監査委員会の報告書でどの程度言及されているか（カバー率）が示されている。図表2-8をみると，業種を問わず，このカバー率が80～90％とかなり高水準にあることと，導入1年目より，2年目にかけ，このカバー率が改善していることが確認でき，指摘されたKAMに対し，多くの監査委員会報告書で対処法が示されていることがわかる。

また，図表2-9は，指摘されたKAMに対する監査委員会の対応のベストプラクティスのひとつとして，英国FRCの報告書に掲載されていたものである。この事例では，資産評価に関し，原油価格想定とその価格変動が資産評価の基礎となる将来キャッシュフローの見積もりに与える影響について，外部監査人がKAM事項として監査報告書で選定している。この指摘を受けて，監査委員会が，経営陣とも意見交換する中で，原油価格想定を変更するなどしてシナリオ分析を行い，現状の想定及びコスト想定が妥当と判断した，と監査委員会報告書に示しているのである。

このような外部監査人と監査委員会のやりとりの開示により，投資家は，外部監査人のKAMの指摘に対し，監査委員会が真摯に対応していることが理解でき，財務諸表への信頼性を高めることができると考える。

（注26）英国のコーポレートガバナンス・コード "C3：Audit Committee and Auditors" の中の指針であるC3.8で，監査委員会の報告書に含めるべきこととして，"significant issues that the committee considered in relation to the financial statements, and how these issues were addressed"，The UK Corporate Governance Code FRC（2016）

図表2-8　監査報告書と監査委員会報告書の指摘の重なり

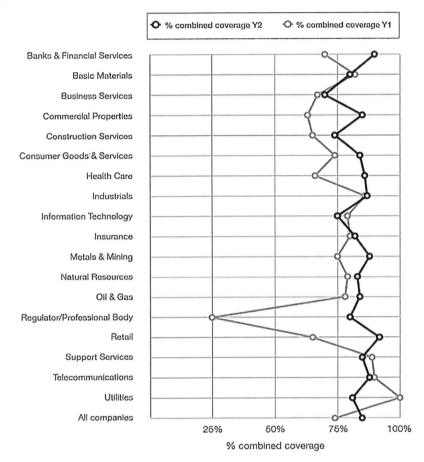

（出所）FRC（2016a）

4　まとめ

　第1章で議論したように，スチュワードシップ・コード導入に伴い，企業の状況を適切に把握することが重要となり，企業報告の重要性が増している。企業報告により提供される情報は非財務情報と財務情報から構成されるが，この章では，企業の将来業績の予測に資する「財務情報」に焦点をあてた。

　近年，日本国内では大きな会計不祥事があり，財務情報を報告する仕組みである財務報告サプライチェーンの再強化の検討がされている。その中でも，外部監査人が監査を行う上で重要と判断した項目であるKAM等を記載した監査報告書の透明化は重要な取組みとなる。英国やオランダなどではすでに導入されており，米国でも導入が決まっているなどグローバルでも導

図表2-9　KAMに対する監査委員会の対応

➤ 監査報告書

For the Pressure Control and Pressure Pumping CGUs, given the near-term lower oil price environment, <u>we focussed on the projected cash flows for these businesses under a range of oil price assumptions in the short and long terms</u>, including scenarios generated from external analyst reports and internal EY economic projections."

➤ 監査委員会報告書

For the Pressure Control and Pressure Pumping CGUs, given the near-term lower oil price environment, we focussed on the projected cash flows for these businesses under a range of oil price assumptions in the short and long terms, including scenarios generated from external analyst reports and internal EY economic projections." Specifically in relation to Pressure Control, <u>we have discussed the cash flow forecasts underpinning the impairment test with management to understand the main assumptions around macroeconomic factors, volume/price effect and any strategic initiatives. We agreed that the assumption of the current oil price of around US$50 a barrel</u>, and consequent activity levels, enduring for the next two years with a measured return to more 'normal' levels thereafter <u>is the most appropriate one given what we know today. On that basis we agree with the best estimate impairment charge of £160m of the Pressure Control CGU…</u>With regard to Pressure Pumping, this business is more mature and had significant levels of headroom between net asset value and discounted cash flows going into the current market downturn. <u>Management have included in their reporting to us the stress test scenarios that have been applied and we agreed, following a detailed review, that no impairment charge is required….</u> [Weir Group PLC Annual Report and Accounts 2014, Report of the Audit Committee]

（出所）FRC（2016a）

入の動きが進む。また，すでに導入されている英国の監査報告書の事例をみると，経営者の見積もりが含まれる，のれんの減損リスク，資産の減損リスクがKAMとして挙げられるケースが多い。

　投資家にとっての監査報告書の透明化の意義は，財務諸表の適正性の確認，のれんなどに含まれる経営者の見積もりの確認，外部監査人の監査クオリティ確認，KAM導入に伴うコーポレートガバナンスの改善への期待などが挙げられる。

　外部監査人の選任権限を有する株主である投資家が外部監査人の監査クオリティを確認できるようになればクオリティで外部監査人が選ばれるようになり財務報告サプライチェーン全体の向上も期待できる。

（補論）監査法人のガバナンス・コード

　「会計監査の在り方に関する懇談会」では，監査法人において，監査の品質を確保するためのマネジメントが有効に機能していなかったことが不適切な会計事例のひとつの原因とされた。

　監査法人は5人以上の公認会計士を含む者の出資により設立され，出資者である各社員（パートナー）が経営に直接に関与し，相互に監視することによって組織の規律を確保することを基本としている。しかし，企業活動のグローバル化に対応するため，監査法人の規模も大

きくなり，1,000人を超える規模の監査法人もある中，経営陣が，この規模の拡大と組織運営の複雑化に対応できていないことが，監査の品質確保に問題を生じさせている主な原因の一つとされたのである。

監査法人において実効的なガバナンスを確立し，監督機能を有効に機能させていくためには，組織運営において確保されるべき原則（プリンシプル）が確認されていることが必要であり，英国やオランダで導入されているプリンシプル ベースの「監査法人のガバナンス・コード」を参考に2017年に「監査法人のガバナンス・コード」が導入されることとなった。なお，コードの対象は一定規模以上の監査法人が基本とされている。

コードの原則は以下のとおりである。

＜監査法人の組織的な運営に関する原則（監査法人のガバナンス・コード）＞

（原則１）　監査法人は，会計監査を通じて企業の財務情報の信頼性を確保し，資本市場の参加者等の保護を図り，もって国民経済の健全な発展に寄与する公益的な役割を有している。これを果たすため，監査法人は，法人の構成員による自由闊達な議論と相互啓発を促し，その能力を十分に発揮させ，会計監査の品質を組織として持続的に向上させるべきである。

（原則２）　監査法人は，会計監査の品質の持続的な向上に向けた法人全体の組織的な運営を実現するため，実効的に経営（マネジメント）機能を発揮すべきである。

（原則３）　監査法人は，監査法人の経営から独立した立場で経営機能の実効性を監督・評価し，それを通じて，経営の実効性の発揮を支援する機能を確保すべきである。

（原則４）　監査法人は，組織的な運営を実効的に行うための業務体制を整備すべきである。また，人材の育成・確保を強化し，法人内及び被監査会社等との間において会計監査の品質の向上に向けた意見交換や議論を積極的に行うべきである。

（原則５）　監査法人は，本原則の適用状況などについて，資本市場の参加者等が適切に評価できるよう，十分な透明性を確保すべきである。また，組織的な運営の改善に向け，法人の取組みに対する内外の評価を活用すべきである。

＊筆者，重要箇所に下線

特に，原則5の指針5−1では，「監査法人は被監査会社，株主，その他の資本市場の参加者等が評価できるよう，本原則の適用の状況や，会計監査の品質の向上に向けた取組みについて，一般に閲覧可能な文章，例えば「透明性報告書」といった形で，わかりやすく説明すべき」とされており，株主・投資家への開示も求められている。

第Ⅱ部
非財務情報とESG情報の実効的な開示

第3章　非財務情報の有用性の高まり

1　はじめに

　第1章で議論したように，2014年のスチュワードシップ・コード導入以降，中長期視点での投資及び企業分析が重視されるようになっている。署名機関には「投資先企業やその事業環境等に関する深い理解に基づく建設的な『目的を持った対話』などを通じて，当該企業の企業価値の向上や持続的成長を促すことにより，『顧客・受益者』（最終受益者を含む。以下同じ。）の中長期的な投資リターンの拡大を図る」[注27]とする「スチュワードシップ責任」が生ずることになるからである。

　このような投資の中長期志向化が進む中，投資家にとっての有用な情報も変化している。本章では，投資の中長期指向化が進む中で有用となる非財務情報について考察する。

(注27)　スチュワードシップ・コードに関する有識者検討会（2014）

2　スチュワードシップ・コードへの署名と投資行動の変化

　第1章では，スチュワードシップ・コード導入により，資産運用会社（以下，運用会社）に所属する投資家（ポートフォリオマネージャーや証券アナリスト）の投資判断・行動が変化すると述べたが，具体的に運用会社によるスチュワードシップ・コードへの署名がどのような経路を経て運用現場の証券アナリスト（以下，アナリスト）とポートフォリオマネージャーの投資判断に影響を及ぼすのか，を確認する[注28]。

(1)　運用フィロソフィーの変化と投資行動

　資産運用の世界には2つのアナリストが存在する。証券会社に属する"セルサイドアナリスト"と顧客から年金などの資金を預かる運用会社に属する"バイサイドアナリスト"である。この"セル""バイ"は，証券会社のアナリストは，企業からの情報を集め，運用会社に提供

（販売：セル）するためセルサイドアナリストとなり，一方，運用会社のアナリストは，セルサイドからの情報を購入（バイ）するためバイサイドアナリストと呼ばれるようになったと言われる。

　90年代初頭頃までは，企業との取材を通じてセルサイドアナリストが取集・分析した情報をバイサイドアナリストが取得するという形が一般的であったが，資産運用ビジネスの成熟化に伴い，バイサイドアナリストの役割も大きく拡大し，今では，バイサイドアナリストが自ら企業へ取材を行い，企業を分析，投資判断を行う，という形が一般化している。このため，バイサイドアナリストの企業の開示書類などへの活用度合いも大きくなっている。

① 運用フィロソフィーとバイサイドアナリスト

　バイサイドアナリストが属する運用会社には，各社毎の「運用フィロソフィー（運用哲学・方針）」が存在し，運用会社に属するアナリストの企業調査手法・投資判断・企業との対話の手法を規定している。極端な例でいえば，短期的な売買を繰り返すことを「運用フィロソフィー」とする運用会社のアナリストは，四半期決算数値や月次数値など，非常に短期の情報に注目し，実際の投資判断に活かすことになる。中長期的な視点への重視を「運用フィロソフィー」とする運用会社のアナリストは，四半期決算に注目するよりも企業との対話を通じ，中長期的な視点で企業価値を分析し，投資判断を行うことになるのである。

　このように，運用会社の「運用フィロソフィー」は，アナリストが自らの投資判断にとって有用な投資情報を選別する基準になるという意味で＜情報フィルター機能＞，アナリストが取得した投資情報を各社の運用プロセスを通じ，投資判断にまでつなげる（そして，ポートフォリオマネージャーに伝える）という意味で＜情報変換機能＞の２つの機能を備えている。この運用会社の運用フィロソフィーとアナリストとの関係を具体的に示したのが，図表3-1である。

図表3-1　運用フィロソフィーの役割

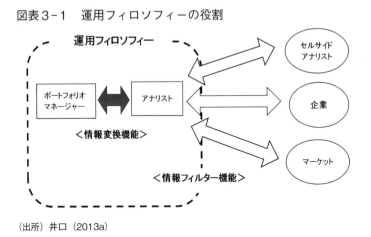

（出所）井口（2013a）

アナリストは，企業経営者・IR担当者／セルサイドアナリスト／マーケットと対話を行い，様々な情報を取得するが，この情報を「運用フィロソフィー」に従って，有用な情報と不要な情報に振り分け，投資判断に生かしているのである。

② 運用フィロソフィーとスチュワードシップ・コード

日本の上場株式に投資する多くの機関投資家は中長期指向の投資を目指すスチュワードシップ・コードに運用会社として署名を行い，スチュワードシップ・コードの原則1に定めのある「スチュワードシップ責任を果たすための方針」を策定，この方針を実践することになる。当然のことながら，この方針の策定は運用会社各社の運用フィロソフィーにも大きな影響を与えることとなる。運用フィロソフィーがコードの主旨である中長期の視点を取り入れたものへと変化するのである。

この結果，＜情報フィルター機能＞も中長期指向の情報のみを有用な情報と認識するようになり，所属するアナリストも中長期指向の情報への注目度合いが増すこととなる。

第1章で，企業と投資家の対話の変化についての調査結果[注29]を紹介したが，日本の企業に投資する多くの運用機関がスチュワードシップ・コードに署名したことにより，実際に投資判断を行うアナリスト・ポートフォリオマネージャーの中長期志向化が進み，結果として投資家にとっての有用な情報にも変化が生じているのである。

(2) アクティブ運用者とパッシブ運用者

バイサイドアナリストといっても2つのタイプの投資家が存在する。その投資スタイルの違いにより，求める投資情報も異なるため，中長期投資家にとっての有用な非財務情報について議論する前に，バイサイドアナリストの類型についても明確にしたい。

さきほど，セルサイドアナリストとバイサイドアナリストの区別について述べたが，図表3-2に示すように，バイサイドアナリストもその投資行動の特性により2つに区分することができる。ひとつの類型が，基本的に投資判断に伴う売買は行わず，TOPIX（東証株価指数）などのインデックスのパフォーマンスに連動するポートフォリオを構築するパッシブ運用[注30]に携わるアナリスト[注31]（以下，パッシブ運用者）で，その管理するポートフォリオの保有銘柄数は1,000社以上となる。もうひとつの類型は，企業調査や経営者との面談を通じ，運用リターンが期待できる企業を選別し，売買の投資判断を行うアクティブ運用に携わるアナリスト（以下，アクティブ運用者）である。ポートフォリオでの保有銘柄数は一般的には100銘柄以内であるが，ポートフォリオの特性により様々である。

この2つの運用者は運用会社に属していても，投資行動が全く異なるため，有用とする投資情報も異なることとなる。

パッシブ運用者の場合，売買に関する投資判断は行わないため，企業との対話や議決権行使

第Ⅱ部　非財務情報とESG情報の実効的な開示

図表3-2　バイサイドアナリストの類型

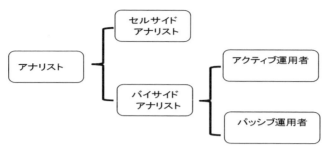

（出所）筆者作成

の判断のための企業分析などが主な業務となる。ポートフォリオでの保有銘柄数が多いため，数人の運用者が1,000銘柄以上の保有銘柄をモニタリングする状況となるため，個々の企業の開示書類をみて分析するのは不可能であり，主にスクリーニングに活用できる定型の定量情報（ESGやコーポレートガバナンスデータ）が活用可能な情報となる。

　これに対し，アクティブ運用者が調査対象とする企業数は一人当たり20〜30銘柄であり，ひとつの企業に対し詳細な企業分析を行うことができる状況にある。このため，アクティブ運用者は，企業の中長期的な企業価値の算出や経営者との対話の際に必要となる企業価値プロセスに関わる「定型・定量」の情報に加え，アニュアルレポート，経営者との面談や企業の説明会など様々な定性情報を活用することとなる。

　パッシブ運用者は資本市場では大きな地位を占めており，議決権行使などにおいても大きな力を発揮することから，企業にとっては大変重要な情報提供先になる。しかし，本書では定性情報も含めた企業報告の在り方について議論するため，アクティブ運用者の視点で議論を進めることとなる。また，以下，本書で「投資家・アナリスト」と呼ぶときは，バイサイドのアクティブ運用業務に携わる「投資家・アナリスト」を指すこととする。

図表3-3　二つの投資家：パッシブ運用者とアクティブ運用者―求める情報は異な

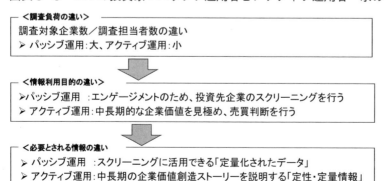

（出所）筆者作成

(注28)　井口（2013a）に詳しい。
(注29)　日本IR協議会（2017）投資家と企業の対話についての調査結果が示されている。
(注30)　パッシブ運用手法には大きくわけて，インデックス採用銘柄（例えばTOPIX）をほぼ全て保有する「完全法」等と計量的に銘柄を抽出しインデックス連動のポートフォリオを構築する「層化抽出法」等の２つがある。
(注31)　パッシブ運用においてアナリストという職務はないかもしれないが，ここで意味するのは企業のESG・ガバナンスを分析する職務を負ったものを意味する。

3　ファンダメンタルズ分析と非財務情報の有用性の高まり[注32]

　投資家は，中長期的に株価上昇が見込まれる企業を発掘するため，企業のファンダメンタルズ分析を通じた株主価値の算出を行う。このファンダメンタルズ分析における財務情報と非財務情報の活用手法について考察する。

(1) 財務情報の分析と非財務情報の分析について

　「ファンダメンタルズ分析」とは，企業の財務諸表等の「財務情報の分析」と財務情報ではないが投資判断に大きな影響を与える「非財務情報の分析」から構成される。

① 財務情報の分析

　ファンダメンタルズ分析において第一に必要となるのは「財務情報の分析」である。理論的には，株主価値は将来予想キャッシュフローの現在価値の総和となるが，現実のアナリストの作業においてはキャッシュフローを直接的に予測するのではなく，過去の損益計算書，貸借対照表，キャッシュフロー計算書，注記，等の地道な分析を通じた（会社，各セグメントの）収益力・財務安定性等の把握がその出発点となる。このように財務情報は過去情報ではあるが，将来予想キャッシュフローの前提となる長期業績予想の作成過程において欠かせないものであり，この分析・解釈を誤ると将来の長期業績予想・投資判断を誤ることにもつながる。

　この点に関し，国際財務報告基準（IFRS）の設定主体であるIASB（International Accounting Standards Board）が2010年に公表した「財務報告に関する概念フレームワーク」[注33]に「（一般財務報告の目的は）企業への将来の正味キャッシュ・インフローの見通しを評価するのに役立つ情報」（OB３項）との記載がある。また，日本の会計基準設定主体である企業会計基準委員会が2004年に公表した「討議資料『財務会計の概念フレームワーク』」[注34]にも同趣旨の記載があるが，財務情報は投資家にとって長期業績予想の出発点となる必要不可欠の情報である。

図表 3-4　Business model reporting

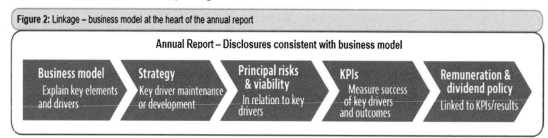

（出所）FRC（2016b）

② 非財務情報の分析

ファンダメンタルズ分析において，「財務情報の分析」の次に重要となるのは財務情報ではないが投資判断に資する「非財務情報の分析」である。特に，分析視点の長期化に伴い，この「非財務情報の分析」の重要度は相対的に高まる。

非財務情報の分析は，主に，①企業理念（企業のDNA）：長期の企業経営の指針への理解，②ビジネスモデル：企業の収益を稼ぐ仕組みの分析，③経営戦略：収益拡大に向けた具体的な計画の分析，④コーポレートガバナンス：前記した①～③のプロセスのモニタリングを可能とする適切なガバナンス体制か否かの分析－で構成される。

このような投資家の非財務情報の分析プロセスを示しているのが英国FRC（Financial Reporting Council）が2016年11月に公表した"Business model reporting"（注35）である。当報告書の目的は，望ましいアニュアルレポート作成についての企業向けのガイダンス策定であったが，その策定過程において長期投資家の意見聴取が重視されたことから，英国を中心とするグローバル投資家の非財務情報の分析手法の概観という色彩が濃いものとなっている。プロセスの概要は図表 3-4 のとおりであるが，＜Business model（経済価値創造の手法）→Strategy（ビジネスモデルに関するモデル自体の変更やモデル上の力点変更の計画）→KPIs（Key Performance indicators：戦略の進捗状況確認）→（戦略の進捗を計測するKPIと連動する）役員報酬・配当政策＞となっている。本書で説明した，投資家にとって重要な非財務情報と同様の項目が列挙されていることがわかる。

スチュワードシップ・コード導入以降の投資家の分析視点の中長期化に伴い，この非財務情報の有用性は相対的に高まっている。中長期投資家は，企業との対話を通じ獲得した非財務情報をモザイクのようにストーリーとして組み立て投資判断につなげることが重要となるのである。

図表 3-5 の上の長方形は，投資の時間軸の中での財務情報と非財務情報の有用性を示している（注36）。横軸の「短期⇒長期」は，企業分析あるいは投資判断の時間軸，縦軸が投資判断における情報の有用性を表している。簡単にいえば，「次によい決算が出るぞ」ということに

第3章　非財務情報の有用性の高まり

図表3-5　相対的に高まる非財務情報の重要性とESGの視点

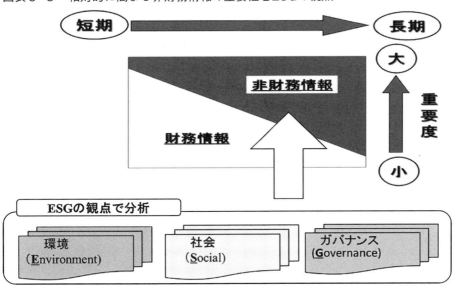

（出所）井口（2015b）

賭ける短期的な投資スタイル（図の一番左）では財務情報の白い部分が上まできているように，四半期決算発表数値のような財務情報のみが有用な情報となる。しかし，投資の視点が中長期化するに沿って，財務情報だけでなく"非財務情報"も有用な情報となるのである（非財務情報の黒の部分が増えてくる）。

そして，この有用性が高まる非財務情報の評価をするための枠組みとして注目されているのが，E：Environment（環境），S：Social（社会），G：Governance（ガバナンス）の頭文字をとった"ESG"である。そして，このESG評価を活用した投資行動がグローバルの年金資金の運用にも広がっている。

③　非財務情報と財務情報の関係性

企業分析において中長期の視点が強まると非財務情報の有用性が高まることとなる。しかし，(この後の(2)で具体的に議論することになるが) 現実の投資家のファンダメンタルズ分析においては，非財務情報＝将来の予測情報，財務情報＝過去情報と明確に分けることはできない。

非財務情報を将来の業績予想に活かすにあたっては，業績予想における予測数値を確信度のあるものとするため，非財務情報の影響度を（過去の）財務情報で測定する作業が必要となるからである。中長期の視点での分析であったとしても，的確な長期業績予想作成のためには財務情報と非財務情報間の相互チェックが欠かせない。

このように財務・非財務の情報に基づき，ファンダメンタルズ分析を行うことは，資本市場での適正な株価形成につながり，資本市場の本来の機能である将来成長する企業に効率的に資

金の配分を可能とする。しかしながら、残念なことに、過去には、土地や株価などの資産価格上昇による保有資産価値の増大を反映した株価水準を正当化し、企業のファンダメンタルズ価値以上の株価上昇を招いた1980年代後半のバブル相場、斬新な情報技術を用いたビジネスモデルのみを賛美し、そのビジネスモデルからの収益性を軽視した2000年前後の"ITバブル"等、過去20年の日本の資本市場の歴史を振りかえると市場の機能不全の一因は、財務情報を踏まえたファンダメンタルズ分析（あるいは意識）の欠如にあったものと考える(注37)。

この意味で、投資家による財務情報を踏まえたファンダメンタルズ分析の真摯な実践は、長期的な成長が見込まれる企業に資金を提供する資本市場の機能を保つという社会的な役割の一角を担っているともいえる(注38)。

(2) ESG評価を中心とした中長期業績の予想

有用性が高まる非財務情報を分析する枠組みとしてESGが注目されていると述べたが、図表3-6では、ESG評価を組み込んだ中長期投資家の運用プロセスを示している。以下のa)、b)の2つのステップを経て、ESG評価を投資判断に活かすこととなる。

a) 非財務情報として提供される、企業理念、ビジネスモデル、経営戦略、経営環境等といった非財務情報の中から、E（環境）、S（社会）、G（ガバナンス）の視点で将来の企業業績動向に重要な影響を与えると判断される事項を抽出する（①重要項目の抽出）

図表3-6 非財務情報の長期業績予想への活用

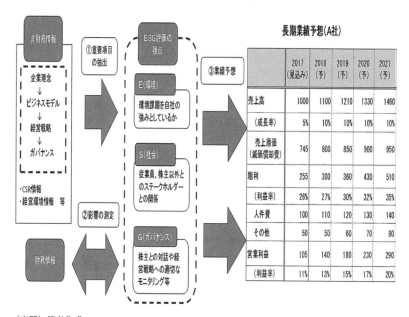

（出所）筆者作成

b）（過去の）財務情報を活用し，抽出された事項の業績への影響度を確認する。この影響度をベースとし，今後予想される事業環境等を織り込み，将来の業績予想を行う。（②影響の測定，③業績予想）

このように長期業績予想プロセスの中で"ESG評価"は，その中核に位置し，長期業績予想と不可分の関係となる。

ESG評価の実際

ここでは，前記の「非財務情報の将来業績予想への活用」に沿い，具体的に投資家が行う「ESG評価」について，E・S・Gの評価毎に考察する。

＜E：環境評価＞

環境（E）評価では環境課題の将来業績へ与える影響を考慮する。例えば，環境製品で今後ビジネスの拡大を計画する企業においては，環境（E）要因は将来の業績に重大な影響を与える事項となる。製品の販売・研究開発体制を含めた現状のビジネスモデルの確認と（過去の）財務情報を活用した環境製品の収益性・資本効率性（必要設備投資額）を把握した上で，当分野における今後の経営戦略（経営資源の投入など）や予想される事業環境の変化等を織り込み，将来の業績予想に使用する予測数値の確定を行うこととなる。

＜S：社会評価＞

社会（S）評価では従業員など株主以外のステークホルダーとの関係等が将来業績予想に与える影響を考察する。例えば，経営戦略の変更においては，新規人材の採用・働き方を変えるための新しい評価体系の導入・組織運営の変更などが行われるため，社会（S）要因が将来業績に重大な影響を与えることとなる。この社会（S）要因を将来の業績予想に活かすには，現状の施策の進捗と（過去の）財務情報への影響の確認，そして，今後の施策の進展による効果（売上高／人など）の予想と，その予想の将来業績へ反映が必要となる。

＜G：ガバナンス評価＞

ガバナンス（G）要因は，取締役会による経営へのモニタリングの実効性を見る視点であり，企業経営のどの局面においても重要となる。また，将来の業績予想の作成においても最重要項目となる。ガバナンス評価（G）にあたっては，これまでの経営戦略と（過去の）財務情報から事業成績（経営のクオリティ）の判断を行い，取締役会のモニタリングの実効性の判断を行う。実効性が高いと判断される場合，的確な経営戦略のもと将来の業績予想においても高い資本効率性の維持と成長が予想されることとなる。

第Ⅱ部　非財務情報とESG情報の実効的な開示

以上のように，非財務情報を長期業績予想に活用するには，投資先企業のビジネスモデル，経営戦略などの理解を前提としたESG評価による非財務情報項目の重要性の決定と，（過去の）財務情報を活用したその影響度の測定が重要となるのである。

(注32)　井口（2017a）に詳しい。
(注33)　IASB（2010）2015年に改訂に向けた公開草案が発表されている。
(注34)　企業会計基準委員会（2004）
(注35)　FRC（2016b）
(注36)　井口（2015b）
(注37)　蔵元（2013）
(注38)　北川（2015）

4　ESG評価が投資判断へ与える影響──よい会社はよい投資対象

非財務情報及びESG評価の長期業績予想・投資判断に与える影響について考察する[注39]。私の属する運用会社は，5年間の将来業績予想とESG評価（企業価値拡大の持続性への確信度に応じ調査対象企業を4つのグループに区分）を行っており，ここではこの2つの数値を用いる。ひとつの運用会社の例ではあるが，中長期指向で投資を行っている投資家に一般的に見られる傾向と考えている。

(1)　非財務情報（ESG評価）が業績予想に与える影響

図表3-7は，中長期指向の投資家にとってのESG評価のポイントを示しているが，E・S・G課題を将来の長期業績拡大と株主価値拡大（あるいは株主価値棄損を防ぐ）につなげているか否かが評価のポイントとなる。

図表3-7　ESG評価のポイント

E評価:環境	環境問題を自社の強みとし、株主価値拡大につなげる
S評価:社会	企業行動の倫理性、従業員・ステークホルダーとの一体性
G評価:ガバナンス	株主価値を持続的に向上させる経営陣・経営の仕組み
総合評価	ESG要因を自社の強みとし、株主価値拡大につなげているか

（出所）井口（2013b）

第3章　非財務情報の有用性の高まり

図表3-8　ESG評価が投資判断に及ぼす影響

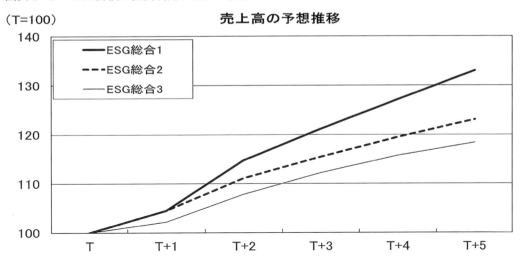

（注）T：2011年度（主に，2012年12月時点の予想）
（出所）井口（2013b）

① ESG評価と連動する長期業績予想

図表3-8は，日本企業約400社に対し行ったアナリストの将来5年間の売上高の予想をESGの評価で括り直したものである。黒の太線は，最もESG評価の高い「レーティング1」の企業群に対する売上高のアナリスト予想，点線の「レーティング2」は2番目の企業群に対する予想，実線の細線は3番目に対する予想を表している。ESG評価の最も高いレーティング1の企業群の「売上高予想」が他のレーティングの企業群と比べ，最も強めに行われていることが確認できる。

中長期の投資家にとっては，ESG評価の高い企業とは企業価値拡大（将来の業績拡大）の持続性が予想される企業のことを意味するため，ESGの評価が高い企業については持続的成長に対する投資家の確信度が高まり，将来においても強めの業績予想を行うこととなるのである。

② 投資判断の成否を分けるESG評価

一般に，中長期投資家が用いるバリュエーション手法は，将来予想キャッシュフローの現在価値の総和により妥当株価を算出するDCF手法（Discounted Cash Flow法）となる。前記したようにESG評価の高い企業ほど業績予想も強くなり，算出する妥当株価も高く算出されるため，ESG評価は投資家の投資判断にも大きな影響を与えることとなる。

図表3-9はイメージ図だが，今後5年間の将来業績予想において，マーケット（図表3-9の「市場コンセンサス（T+5）」）は，現状からほぼ変わらずのフラットの業績予想を行っている一方，この担当アナリストは，成長率・資本収益率において，マーケットより強めの業績予想（図表の「アナリスト将来予想（T+5）」）を行っていることを示している。このアナリ

第Ⅱ部　非財務情報とESG情報の実効的な開示

図表3-9　超過収益の源泉としてのESG評価

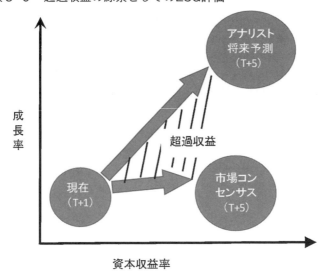

（出所）井口（2015C）

ストの業績予想を基にしたDCF手法での適正株価（ターゲットプライス）は，現値より高い水準に設定され，投資機会＜図表の「超過収益」＞が生まれることになる。

　この投資家の投資判断において，決定的に重要となるのは，アナリストの作成する長期業績予想であり，長期業績予想を構築する際に考慮された"非財務情報（ESG情報）に対する分析・解釈"である。この非財務情報の分析・解釈が市場コンセンサスとの乖離を生み，超過収益獲得の機会を生むのである。その分析・解釈が正しければ運用成績にプラスに寄与し，間違っていれば，マイナスに寄与することになる。

　このように，ESGが統合された長期投資プロセスにおいては＜ESG評価⇒長期業績予想⇒企業価値評価・投資判断＞がシームレスなプロセスとしてつながっている。このプロセスの最初の段階にあるESG評価が正しくなければ，投資判断も誤り，運用成績にもマイナスに寄与することにもなる。ESG評価が中長期投資成功の鍵とも失敗の原因ともなるのである。

(2)　投資家が活用する非財務情報の特徴

　次に，E（環境），S（社会），G（ガバナンス）の視点で非財務情報の評価を行う場合，どの視点に関連する非財務情報が投資家の判断に影響を与えているのかを考える[注40]。図表3-10ではE・S・Gの各評価項目のアナリストの投資判断に与える影響度合いを示している。棒グラフの高さが影響の強さを示しているが，ガバナンス（G）項目が一番高く，投資判断に対する影響度合い（強さ）が最も高いことがわかる。ここでの解釈は，投資家の企業価値評価においてはE・S・Gの項目の中でもガバナンス（G）項目が最も重要視されるという一般的な認識に近い結論となる。

第3章 非財務情報の有用性の高まり

図表3-10 投資判断におけるE・S・G要因の有用性
（標準偏差）

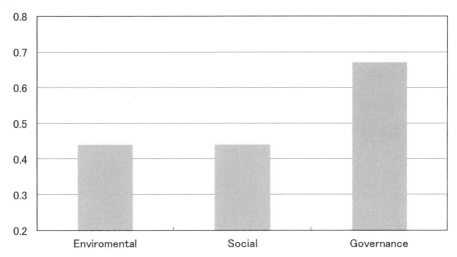

（注）各項目の平均：E1.9，S1.9，G2.0，ESGの各項目のレーティング毎の標準偏差を計算
（出所）井口（2013b）

図表3-11 投資家が求める非財務情報の特徴①

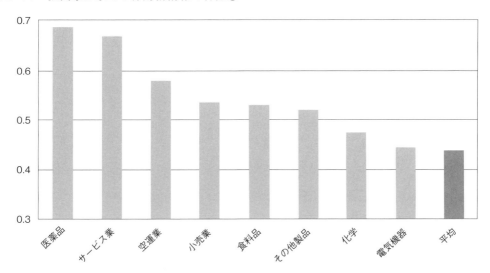

（資料）S項目のレーティングから業種毎に標準偏差を計算
（出所）井口（2013b）

① 業種・企業により異なるE・S・G要因の影響度合い

しかし，全業種平均ではなく，業種毎のE・S・G評価が投資判断に与える影響をみると違った姿がみえる。

第Ⅱ部　非財務情報とESG情報の実効的な開示

図表3-12　投資家が求める非財務情報の特徴②

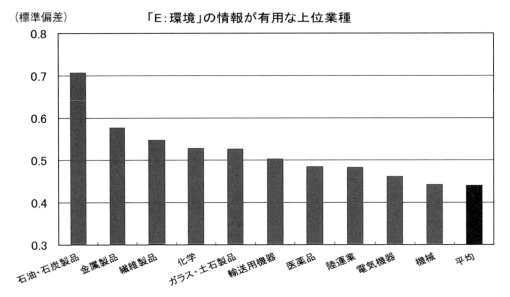

（資料）E項目のレーティングから業種毎に標準偏差を計算
（出所）井口（2013b）

＜社会（S）＞

図表3-11では，投資判断に対し，社会（S）項目の影響度が高い業種を取り上げているが，医薬・サービス・小売・食品などの業種は全業種平均を大きく上回っていることがわかる（一番右の濃い黒の棒線が図表3-10の全業種平均に相当）。社会（S）項目の影響度が高い上位の業種は，企業価値創造プロセスにおいて，経営理念の浸透や従業員との関係が特に重要となる業種であり，企業分析や投資判断を行うにあたり，投資家にとっても社会（S）項目に関連する非財務情報が重要となるのである。

＜E：環境＞

図表3-12は，「E：環境」項目が投資判断に大きな影響を及ぼす業種を並べている（右の濃い黒の棒線が図表3-10の全業種平均に相当）。上位に素材産業・化学産業・輸送用機器産業が並んでいるが，ビジネスの機会としての環境技術，リスクとしての将来の環境対策コスト増などが，アナリストの将来の業績予想及び投資判断に大きな影響を与える業種であることがわかる。

このように，E・S・G要因の有用性は業種・企業毎に異なる。全業種平均でみると，一般的に認識されているとおり，G（ガバナンス）要因が投資判断に与える影響がE・S要因に比べ圧倒的に高くなる。しかし，業種別にみると，E・S要因が投資判断に大きな影響を及ぼす業種もあり，E・S・G要因の投資判断に与える影響は業種により異なることがわかる。ここでは業種別で見たが，個別の企業をみると企業毎にも違いがあることや，企業の発展段階によっても

第3章　非財務情報の有用性の高まり

図表3-13　良い企業はよい株価パフォーマンスを示す

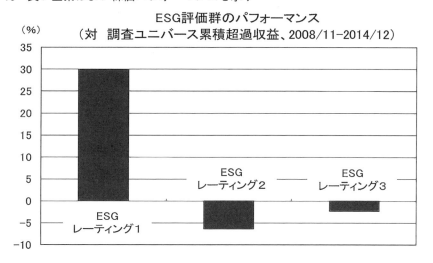

（注）単純平均ベース，ニッセイアセットデータより，筆者作成
（出所）井口（2015C）

非財務情報の中でも重要となる項目は異なっているのである。

② 株価パフォーマンス：よい会社はよい投資対象である

次に，投資家にとって最も重要な中長期の株価パフォーマンスをみる。ESG評価を開始した2008年11月から6年程度のESG評価群毎の株価の累積パフォーマンス（対調査ユニバース）では，図表3-13のとおり，ESG評価が最も高いレーティング1の銘柄群が他のレーティング銘柄群を大きく上回るパフォーマンスを示している。

この結果は，持続的な企業価値（株主価値）向上の観点で行われたESG評価に優れた企業は，長期的には市場で評価されること，また，企業との対話を通じ，受け取った"非財務情報"を投資家/アナリストが，的確に分析/評価すれば好パフォーマンスにつながることを意味する。よく，株の世界で「よい会社は必ずしも，よい投資対象にあらず」という格言があるが，実は，長期においては「よい会社は，よい投資対象である」といえるのではないかと，筆者は考えている。

（注39）井口（2013b）
（注40）影響の強さの判断は「アナリストが投資判断において有益な非財務情報を取得することが出来た場合，非財務情報に対し明確な判断を行うことができる（分散大）。有益な情報を獲得できない場合，判断は難しく中立化する（分散小）」という前提のもと，ESG評価の分散を使い，影響の大きさの判断を行っている（業種分析の場合，データー個数の関係から統計的には制約があることは付言しておく）。

第Ⅱ部　非財務情報とESG情報の実効的な開示

5　ESG定着に向けたグローバルの動向

　第1章でも議論したが，現在，日本の資産運用業界で生じている投資行動の中長期化，ESGの有用性の高まりはグローバルでの大きな潮流でもある。グローバルでは，2008年に生じた金融危機に対する猛省がきっかけとなっている。ここでは，ESG定着に向けたグローバルの動向について確認したい。

(1)　グローバルの機関投資家団体（ICGNの見方）

　第1章でも取り上げたグローバルの機関投資家の団体であるICGNは，ICGNグローバル・ガバナンス原則の前文で，中長期的な投資家にとって重要な持続的成長（サステナビリティ）について，『会社の持続可能性（サステナビリティ）を実現するには，事業活動と財務運営の両面において，環境・社会・ガバナンス（ESG要因）を実効的に管理する必要があります。』としている。企業の持続的な成長にとってE・S・G要因を適切に管理することは重要であり，投資家としては，よい株価パフォーマンスを獲得するためESG要因を見極めることが必要ということを意味している。

　しかし，超長期の投資を行う公的年金基金を中心にこのような認識があるにもかかわらず，資金を委託された運用会社は短期的な投資を行う傾向があるため，いかに運用会社にESG要因を意識させ，長期の視点で運用させるかがグローバルでもひとつの大きな課題になっている。

＜ICGNグローバル・ガバナンス原則＞

（前略）会社の持続可能性（サステナビリティ）を実現するには，事業活動と財務運営の両面において，環境・社会・ガバナンス（ESG要因）を実効的に管理する必要があります。また，企業は投下資本のコストを意識し，投下した資本以上のリターンを生み出すよう努める必要があります。この両立は，経済的なリターンや経営戦略に，従業員，サプライヤー，顧客，地域社会，環境全般といったステークホルダーとの関係を実効的に統合することで初めて実現されることとなります。

(出所)　ICGN「グローバル・ガバナンス原則」（日本語版）より筆者抜粋，重要箇所に下線

運用委託契約でのESG要因の活用
　この点につき，ICGNは，年金基金が運用会社に長期の視点で委託資金を運用させるために，どのような契約を結んだらよいかについてのガイダンス（Model Contract terms between Asset

図表3-14 ICGNモデル契約

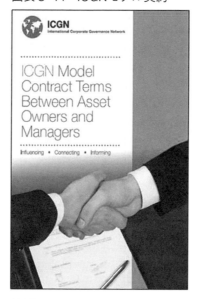

(出所) ICGN

owner and Managers）を出している。

ガイダンスの中では，運用会社と交わす委託契約書の中に，運用プロセスへのESG要因の統合を入れることが，委託運用会社に長期視点の投資を実践させることも重要な方策のひとつとしている。そこには，契約書の中にESG要因の運用プロセスへの統合をいれると運用者はESG要因を運用に活用せざるを得なくなり，このことは投資の運用期間の長期化につながる，という考えがある。

筆者の知る限り，現実には法的な問題もあり，ESG要因の統合に関する項目を運用委託契約書に記載することは難しいようであるが，年金基金は委託運用会社へのヒアリングにおいて，投資においてESG要因にどう配慮したか，を聞いているということであり，運用委託契約書への記載の有無にかかわらず，実質的には年金基金などアセットオーナーによる運用会社の運用プロセスへのESG要因の統合作業は実践されていると考えている。

このように，グローバルでは運用プロセスにおけるESG要因の活用は，長期的な株価パフォーマンスに寄与するとのコンセンサスのもと，長期的な視点を定着させる重要なツールとして活用が進んでいる。

(2) 英国の状況（PLSAの活動）[注41]

スチュワードシップ先進国の英国でも，2010年のスチュワードシップ・コード導入後，スチュワードシップ活動の定着に向けた活動が実践されている。

英国では2000年に年金法が改正され，年金基金の受託者は投資方針書の中で社会・環境・

図表3-15 インベストメントチェーンのcapabilityを高める仕組み

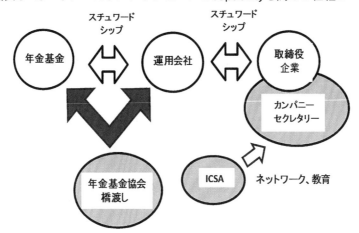

(出所)井口(2016)

倫理などを考慮しているか否かを開示する仕組みが導入されている。また，スチュワードシップ・コード及びスチュワードシップ活動の定着を組織の目標とする年金基金協会：PLSA (Pensions Lifetime Savings Association：旧NAPF)が，ESGの運用への定着においても重要な役割を果たしている。

① 年金基金へのアンケートを通じた啓蒙活動

PLSA(旧NAPF)は，定期的に年金基金へのアンケート調査を行い，その結果を公表して

図表3-16 英国の年金基金の動向

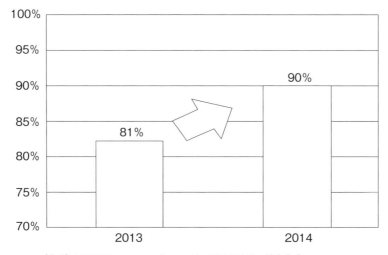

(出所)NAPF"Engagement Survey Nov.2014"より，筆者作成

いる。このアンケート調査には，協会員である年金基金の実態を把握することに加えて，焦点となる質問を投げかけることにより年金基金に気づきを与える，また，その回答内容を公開することにより他の年金基金の状況を認識させる，といった年金基金への啓蒙活動の役割があるものと推察する。

このアンケート調査の質問項目の中のひとつに『ESG要因が長期的な運用利回りに影響を及ぼすのか？』という質問項目（図表3-16）があったが，この質問に対し，2014年時点で90％と，非常に高い割合の年金基金が肯定的な回答を行っている。これは，英国の多くの年金基金で運用におけるESG要因の重要性への理解が進んでいることがわかる。また，年金基金はアセットオーナーとしてインベストメントチェーン全体に大きな影響力を持つため，英国では，運用業界全体でESG要因の運用プロセス統合への取組みが進んでいると推察できる。

② スチュワードシップ開示フレームワークにおけるESGの位置づけ

また，PLSAは，年金基金などのアセットオーナーが資金を委託する際に運用ニーズにあった運用会社を選択しやすいよう，運用会社の多種多様なスチュワードシップ・コードの準拠書類を類型化し，運用会社ごとのスチュワードシップ活動に関する方針の違いを可視化するため

図表3-17 スチュワードシップ開示フレームワーク

カテゴリー		A	B	C	D	未回答の理由
顧客の価値をいかに増大・保全していくか。(1行)						
ESG統合 原則1		企業分析、投資判断プロセス、対話活動において、体系的かつ明確な"ESG統合"が行われている。	企業分析、投資判断プロセス、対話活動において、明確な"ESGへの考慮"が行われている。	最終チェック時や補完的な手段として企業分析と投資判断プロセスにおいて限定的に"ESGへの考慮"を行っている	投資プロセスで"ESGへの考慮"は行っていない。	
利益相反の管理 原則2	方針	スチュワードシップに関連する利益相反の明確な方針を策定しており、議決権行使や対話を含む全ての重要な利益相反事項を文書化、相反を防ぐための対策をとっている。	スチュワードシップに関連する利益相反の明確な方針を策定しており、すべての重要な利益相反事項を防ぐ対策をとっている。	スチュワードシップに関連する利益相反の方針の概略を文書化している。	スチュワードシップに関連する利益相反の方針はない。	
	開示	自社のウェブサイト等、公共の媒体で開示している。利益相反を如何に防ぐかの記述もある。	自社のウェブサイト等、公共の媒体で開示している。	要請に基づき、顧客にのみ開示を行っている。	利益相反の方針は特段ない。	
対話の監督と対話の強化 原則3&4	エンゲージメント(対話)アプローチ	企業戦略やリスク、資本構造、M&A、重要なESG課題等について、ファンドマネージャー(専用のCG-ESGチームが別に存在する場合は一緒に)は、積極的かつ統合的に対話を行っている。	企業戦略やリスク、資本構造、M&A、重要なESG課題等について、幅広い可能性について、会社として、常に統合的ではないが、積極的に対話を行っている。	企業戦略、リスク、資本構造、ESG課題のうち、重要課題について、会社として、受動的に対話を行う。	投資先企業との対話はほとんど行っていない。	
	対話の強化	対話が失敗した場合、株主提案や株主総会への出席、議決権行使の強化、パブリックステートメント等の手段を体系的に駆使する。	対話が失敗した場合、株主提案や株主総会への出席、議決権行使の強化、パブリックステートメント等の手段を定期的に駆使する。	議決権行使の強化や株主総会への出席を通し、対話活動の強化を時々駆使する。	対話活動の強化は殆ど行わない。	

（注）PLSA（2013）の資料を筆者が翻訳，一部抜粋

「スチュワードシップ開示フレームワーク」を策定している。その中でも，ESG要因の運用プロセスへの統合が大きな位置づけを占める。

図表3-17の「スチュワードシップ開示フレームワーク」の策定・運用プロセスであるが，最初に，PLSAの方で，スチュワードシップ・コードの各々の原則を実践するにあたり，重要と考える取組みを選択する（縦軸の一番左）。例えば，原則1では，ESG統合，原則2の利益相反（管理）では，方針の策定と開示を必要な取組みとして選択していることを示している。次に，スチュワードシップ活動の段階（横軸：カテゴリーのA〜D）と各段階で必要とされる取組みを設定する。フレームワーク策定後，このフレームワークを運用会社に配布し，各運用会社に自らのスチュワードシップ・コードの準拠書類に基づき，各項目を記入してもらい，その回答結果を，PLSAに加入している協会員の年金基金に配布されることとなるのである。

図表にある「ESG統合」（一番上の項目）では，運用プロセスへ「体系的かつ明確なESG統合が行われている」場合，運用会社は"A"に印をつけることとなる。一方「限定的にESGへの考慮が行われている」場合，"C"となる。

PLSAは「アセットオーナーの中でも，スチュワードシップ活動において重視する項目やその程度が異なるため，運用会社のスチュワードシップ活動がすべて"A"だからよいと判断しているわけではない」と追加で説明している。しかしながら，さきほどのアンケート調査結果にあったようにESG要因が年金基金に重視される状況において，このA〜Dの採点手法は運用会社にとっては大きな意味をもっている。「スチュワードシップ開示フレームワーク」は，運用会社における運用プロセスへのESG統合を促進する働きを担っていると考えている。

(3) 米国の状況（エリサ法の再解釈指針等）

ESGに関し，欧州に比べ，動きが遅いとの評のある米国であるが，現実には先進的な公的年金基金を中心にESGの取組みが進んでいる。また，年金基金の運用を規定するエリサ法の解釈が変更されるなどESG投資への環境整備も進んでいる。

① 米国の公的年金基金にみるESGへの取組み

日本版スチュワードシップ・コードに署名を行った米国の公的年金基金CalPERSのコード遵守文章の原則3の当該企業の状況の適切な把握では，「長期的な価値の創造には金融資本，物理的資本，そして人的資本の3つの資本の効果的な管理が必要である」としている。金融資本はコーポレートガバナンス（G），物理的資本は環境等（E），人的資本は社会（S）を指しているものと判断され，この意味では，企業の長期的な価値の創造をみるにあたっては，ESGの要素を重視していることがわかる。また，原則7でも「持続可能な投資とはESGを考慮にいれることを意味する」とし，明確に，投資業務におけるESGの重要性が言及されていることが確認できる。

第3章　非財務情報の有用性の高まり

CalPERS（カルフォルニア州職員退職年金基金）の日本版スチュワードシップ・コード準拠文章より

【原則1：スチュワードシップ責任を果たす方針】
＜3つの主要な目標＞
A：持続可能（環境，社会，ガバナンス要因を含む）なリスク調整後リターン達成への支援
B：ポートフォリオ全体での，持続可能性に関わる投資・公共政策・エンゲージメントにおける意思決定への貢献
C：持続可能性に関わる投資の推進・CalPERSと資金運用者との認識共有化における投資部門スタッフおよびビジネスプログラムへの支援

【原則3：当該企業の状況の適切な把握】
　CalPERSの企業に対するエンゲージメントプログラムは，投資に関する信念の第4条に基づいています。第4条では『長期的な価値の創造には金融資本，物理的資本，そして人的資本の3つの資本の効果的な管理が必要である』と述べられています。私たちは，長期の株式保有者と企業との間の利害のよりよい一致は 持続可能なリスク調整後リターン達成を通じ，受託者責任を果たすことにつながると考えています。

【原則7：スチュワードシップ活動を実践するため，適切な実力を備える】
　長期的な投資のタイムホライズンを有する主要な機関投資家にとって，持続可能な投資（sustainable investment）とは，私たちの日常の投資業務のあらゆる局面において，環境，社会，ガバナンス（ESG）の要素を考慮に入れることを意味するものと考えています。

（出所）CalPERS（カルフォルニア州職員退職年金基金）の準拠文章（日本語版）より筆者抜粋，重要箇所に下線

---

②　エリサ法[注42]に関する再解釈通達

米国では，エリサ法がESG投資の広がりに対する大きな障害になっているといわれてきたが，2015年10月に，エリサ法を所管する米国の労働省より，ESGの投資に関する再解釈通達の通知[注43]が出されている。

2008年に出されたESG投資に関する解釈（引用文の＜前回の解釈＞）では，ESG投資を実行す

るにおいて代替的投資と同等のリスクあるいはリターンが必要とされた。これは「同等性の原則（"all things being equal" test）」と呼ばれるが，この原則を満たすために何を証明すればよいのかが不明確であり，ESG投資を考えている投資家にとっては障害になるとの批判的な意見が2008年のESG投資に関する解釈に多く寄せられた（引用文の＜2008年の解釈による弊害＞）。

こういった意見を受け，2015年に出された新しい解釈（引用文の＜新しい解釈＞）では，「潜在的にESG要因がリスクとリターンに影響を及ぼすとき，適切に，この要因に対する配慮を行うべきである。ESG要因が投資の経済的価値に直接的な関係を持つ場合，これらの要因は投資判断の際の主要な分析対象となる。」としている。2015年10月に出された新しい解釈では，2008年のESG要因への考慮に対する抑制的な内容とは全く異なり，むしろ，受託者責任の観点からESG要因への考慮は多くの場合，必須であるとの解釈がだされたものと判断している。

米国でも，すでに先進的な機関投資家はESG要因への取組みに積極的であったが，エリサ法の再解釈を経て，今後，一段と，投資プロセスにおけるESG要因の統合・考慮が進むものと予想している。

エリサ法の再解釈指針（2015年10月）

＜前回の解釈＞

The preamble to the Interpretive Bulletin explained that the requirements of sections 403 and 404 of ERISA do not prevent plan fiduciaries from investing plan assets in ETIs if the ETI has an expected rate of return that is commensurate to rates of return of alternative investments with similar risk characteristics that are available to the plan, and if the ETI is otherwise an appropriate investment for the plan in terms of such factors as diversification and the investment policy of the plan. Some commenters have referred to this standard as the "all things being equal" test.

＜2008年の解釈による弊害＞

The Department believes that in the seven years since its publication, IB 2008-01 has unduly discouraged fiduciaries from considering ETIs and ESG factors. In particular, the Department is concerned that the 2008 guidance may be dissuading fiduciaries from (1) pursuing investment strategies that consider environmental, social, and governance factors, even where they are used solely to evaluate the economic benefits of investments and identify economically superior investments, and (2) investing in ETIs even where economically equivalent. Some fiduciaries believe the 2008 guidance sets a higher but unclear standard of compliance for fiduciaries when they are considering

第3章　非財務情報の有用性の高まり

ESG factors or ETI investments.

＜新しい解釈＞

An important purpose of this Interpretive Bulletin is to clarify that plan fiduciaries should appropriately consider factors that potentially influence risk and return. Environmental, social, and governance issues may have a direct relationship to the economic value of the plan's investment. In these instances, such issues are not merely collateral considerations or tie-breakers, but rather are proper components of the fiduciary's primary analysis of the economic merits of competing investment choices.

（出所）Department of Labor（2015）より，筆者抜粋，重要箇所に下線。

(4) 欧米先進国諸国以外の動き

ここまでは，よく知られている欧米諸国の動向であったが，欧米諸国だけでなく，アジア各国でもESGへの取組みが活発化している。

アジア諸国でも，グローバルの長期志向化の潮流の中，コーポレートガバナンス・コード，スチュワードシップ・コードを導入し，長期志向化の定着に向けた動きが見られる。台湾，香港，シンガポール，マレーシアなどでは，上場企業に対するサステナビリティ報告書の作成や

図表3-18　アジアでも高まるESG情報の重要性

（出所）Bursa.Malaysia（マレーシア証券取引所）

ESG情報開示を求める動きも広まっている（図表3-18はマレーシアの証券取引所から出されたサステナビリティ報告書のガイダンス）。

　こういった施策は，労働問題や環境問題など様々な問題を起こす企業行動の改善を促すことに加え，グローバル投資家がESGを重視する中，この資金を自国に引き入れようとする政府・当局の意向があるものと考えられる。この意味では，アジア諸国は日本を含む先進国以上に政策当局が主導し，企業の行動と国内投資家の投資活動にESGの定着をはかろうとしていると判断される。

(注41)　井口（2016）に詳しい。
(注42)　米国の従業員給付制度（企業年金制度と従業員福祉制度）の設計と運営を規制する連邦法 Employee Retirement Income Security Act of 1974の略。受給権の保護を最大の目的としている。
(注43)　Department of Labor（2015）

6　企業のビジネスモデルの変容[注44]

　投資家のファンダメンタルズ分析に関する考え方はいつの時代も変わるものではないが，分析対象となる企業の行動やビジネスモデルは大きく変化することがある。その要因としては，中期的な時間軸では新技術あるいは新しいビジネスモデルの登場，長期的な時間軸では社会（の価値観）の変化等が考えられる。特に後者の社会の変化による企業行動への変化の影響は大きい。企業には企業行動全般を律する「企業理念」があるが，長期にわたる企業行動の指針を示すものであるため，その内容は社会との共存を重視したものが多い。このため社会の動きが企業行動にも大きな影響を及ぼすことになるのである。そして，ESG評価を用い長期視点で企業分析を行う投資家も社会の動向を無視できないこととなる。

(1)　企業への社会的責任の高まり

　2016年は，EU離脱の方向性を決めた英国の国民投票や米国の大統領選挙によるトランプ候補勝利など市場関係者の予想を超える事態が発生した。この背景には，社会的な富の偏在に対する不満を一因とするグローバル主義及び資本主義（市場メカニズム）への反発があったと言われている。このため，グローバルの投資家のコミュニティーでは，現状の資本主義は維持可能ではなく，なんらかの修正が必要との意見も多く聞かれる[注45]。また，2015年12月にグローバルの環境問題に対し合意されたパリ協定（COP21）や2015年9月に国連サミットにて日本を含む各国が取り組むべき目標として採択されたSDGs（持続可能な開発目標）など，経済社会の状況の深刻化と"企業"という経済主体の社会における存在感の高まりから，企業行動へ

図表3-19　英国の取締役会：新たな時代に備える①

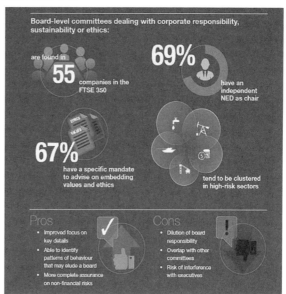

（出所）Institute of business ethics（2016）

の期待が大きくなっている。このような状況の中，企業は自社の中長期的な収益・利益の成長を計画する場合においても，社会との共存についてこれまで以上に真剣に考えなければならない状況となっている(注46)。

社会の変化に対応する英国のガバナンス

実際，コーポレートガバナンス・コードの先輩国である英国の取締役会構成に関する調査(注47)では，コーポレートガバナンス・コードには設置義務がないにもかかわらず，FTSE350の中では55社，FTSE100となると30％近い企業で持続性に関する課題や企業責任（CSR）に対応する委員会が設置されており，69％の委員会で社外取締役が議長となっていることが明らかになっている。この現象の背景には，社会からの要請が社会貢献事象にとどまらず，取締役会が責任を持つ中長期的な企業の収益成長に影響すると認識されたことにあると推察している。

また，興味深いのはすべての企業やセクターでこのような取組みが行われているわけではなく，図表3-20のとおり，ESGリスクが高い業種において委員会の設置率が高くなっていることである。

(2)　英国政府によるコーポレートガバナンス改革と日本企業への影響

英国のEU離脱の判断を行った国民投票後に英国の首相となったリザ・メイ氏は2016年11月にガバナンス改革に関するグリーンペーパー(注48)「コーポレートガバナンス改革」を提出，大きな話題を呼んだ。"Economy that works for everyone"（＜一部の人だけではなく＞全ての人の

第Ⅱ部　非財務情報とESG情報の実効的な開示

図表3-20　英国の取締役会：新たな時代に備える②

Table 2 Companies with committees: breakdown by sector

SECTOR	FTSE100 with committee /Total	FTSE100 % of committees in the sector	FTSE 250 with committee /Total	FTSE 250 % of committees in the sector	FTSE 350 with committee /Total	FTSE 350 % of committees in the sector
Aerospace & defence	3/3	100%	1/4	25%	4/7	57%
Banks	5/5	100%	0/4	0%	5/9	56%
Food & drug retailers	3/3	100%	0/3	0%	3/6	50%
Food producers	0/1	0%	2/4	50%	2/5	40%
Gas, water & multi-utilities	3/4	75%	1/1	100%	4/5	80%
Household goods & home construction	0/5	0%	1/5	20%	1/10	10%
Media	2/5	40%	0/8	0%	2/13	15%
Mining	4/7	57%	3/6	50%	7/13	54%
Oil & gas producers	3*/3	100%	2/5	40%	5*/8	63%
Personal goods	1/2	50%	1/4	25%	2/6	33%
Pharma & biotech	2/4	50%	0/6	0%	2/10	20%
Travel & leisure	1/8	13%	3/22	14%	4/30	13%

* Includes one committee with unpublished terms of reference.

The companies with committees tend to be clustered in particular sectors.

（出所）Institute of business ethics（2016）

ための経済を）ということを大きなスローガンとし，経営者の高額報酬に焦点をあて，株主の権限強化や従業員などのステークホルダーの意見を取締役会に反映できるコーポレートガバナンス体制構築への提言を行っている。

　これだけを見ると，コーポレートガバナンスの焦点が株主から他のステークホルダーに移ってしまったようにも見えるが，事実はそうではない。レポートの中では「株主の利益を守ることは重要である。また，同様に，従業員，顧客，サプライヤーなど企業の業績に関連する人々の視点も重要」(注49)とされている。つまり，その根底には，持続的な企業の成長を維持し，長期的な株主の利益を増加させるためには企業行動に対する社会の理解を得る必要がある，という考え方があることがわかる。

①　コーポレートガバナンス・コードの改訂

　投資家を含めた関係者の意見を踏まえ，正式に2017年8月に報告書として提出されたが，前年に提出されたグリーンペーパーの内容から大きな変更はなく，図表3-21の目次にあるように，Executive pay（経営者報酬），Strengthening the employee, customer and wider stakeholder voice（従業員，顧客，幅広いステークホルダーの声を生かす）といったことが挙げられている。英国のコーポレートガバナンス・コードを管轄するFRCは，次回の2018年のコードの改訂時には，この報告書の内容も踏まえた上で改訂する(注50)としており，この報告書は，今後，英国のコーポレートガバナンスに大きな影響を与えると予想している。

図表3-21　英国のコーポレートガバナンス改革

CORPORATE GOVERNANCE REFORM
The Government response to the green paper consultation

August 2017

Contents
- Introduction from the Prime Minister ... i
- Foreword by the Secretary of State for Business, Energy and Industrial Strategy ... ii
- General information ... 1
- Executive summary ... 2
1. Executive pay ... 8
2. Strengthening the employee, customer and wider stakeholder voice ... 24
3. Corporate governance in large privately-held businesses ... 36
4. Other issues ... 43
5. Boardroom diversity ... 48
- Annex A – List of respondents ... 53
- Annex B – Numerical analysis of responses to green paper questions by respondent type ... 58

（出所）Department for Business, Energy & Industrial Strategy（2016）

② 日本企業への影響

日本では経営者の高額報酬や株主への過大な株主還元などはなく，欧米諸国とは状況が大きく異なる。しかし，環境問題やSDGsといったグローバルの潮流が日本企業にも適用されたように，社会と共存しつつ，株主のためにも企業利益・収益性を増加させる取組みの強化と見える化が求められることになろう。(注51)

アサヒグループホールディングス株式会社では，取締役会自身が，現在の取締役会の活動についての評価と振り返りを行い，今後の方向性を示す「取締役会評価」において，取締役会で，持続的な事象（ESG）を議論するとしている（図表3-22参照）。このことは，組織内の最高意思決定機関である「取締役会」で持続的な事象（ESG）を重視するということであり，企業経

図表3-22　ESG課題の向上について取締役会で議論する

Ⅳ. 提言事項

上記の自己評価において各取締役からは、社外取締役に対して当社の事業環境の理解を促進する機会や情報提供をより充実すること、社外取締役のアドバイスをより一層経営に反映するための方策を講じること、各取締役の知識・経験・能力のバランスや多様性の更なる強化を図ること、社内取締役が担当のみならず高い視点からグループ全体の経営に関与すること、ESGへの取り組み強化について取締役会で一層の議論を図ることなどが提言されました。

当社取締役会は、これらの提言について、"企業価値向上経営"の更なる深化の視点で議論を重ね、取締役会の実効性の向上を図ってまいります。

（出所）アサヒグループホールディングスの統合報告書2015より筆者加工

営全般にわたって持続的な事象（ESG）を重視することを意味している。他にも日本企業の何社かに同様の取組みが見られるが，今後このような先進的な取組みが多くの日本企業にも広がっていくことが予想される。

(注44) 井口（2017a）に詳しい。
(注45) 2016年6月に開催されたICGN（International Corporate Governance Network）の年次総会での調査では90％近い投資家が「資本主義に何らかの変革が必要」と回答。
(注46) ディビス，ルコムニク，ワトソン（2008）：社会の要請により，インベストメントチェーンが変わらざるを得ない状況を論じている。
(注47) Institute of business ethics（2016）
(注48) Department for Business, Energy & Industrial Strategy（2016）
(注49) "A key element is protecting the interests of shareholders where they are distant from the directors running a company. It also involves having regard to the interests of employees, customers, suppliers and others with a direct interest in the performance of a company."Corporate Governance Reform,Nov.2016
(注50) FRCのHPでは以下のように書かれている。"In February 2017, the FRC announced plans for a fundamental review of the UK Corporate Governance Code. This will take account of work on corporate culture and succession planning, and the issues raised in the Government's Green Paper and the report by the Business Enterprise and Industrial Strategy (BEIS) Select Committee Inquiry."
(注51) 神作（2009）は，CSRがソフトローの役割を果たし企業活動に影響を与える可能性に言及。

7　変容するESG評価

　このような中長期的な企業行動の変化が予想される中，ESG評価を通じ，株主価値算出を行う投資家も，この変化のビジネスモデル・戦略への影響を解釈・分析することが必要となる[注52]。

(1)　企業行動の変化とESG評価

　企業価値への非財務情報の影響度を分析するに際し，より広い視点で非財務情報を分析する必要があるのである。もちろんレピュテーションリスクや法的リスクといった株主価値へのマイナスの影響をいかに防ぐかという視点もあるが，変化という機会を利用して新規ビジネスモデルの創造あるいはビジネスモデル改良により株主価値を高めることができる企業を見極めることも重要となる。

図表3-23 マテリアリティ・マップにおける投資家の重要事項

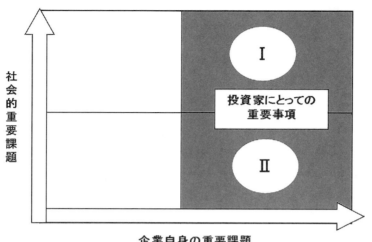

(出所) 井口 (2017a)

投資家のマテリアルマップ

このような投資家の状況を企業がアニュアルレポートなどで掲載する「マテリアリティ・マップ」を援用して考える。図表3-23では，横軸：「（株主価値に関わる）企業自身の重要課題」，縦軸：「社会的重要課題」としている。この図で投資家の調査活動にとって重要な箇所は右象限の上方部分「企業自身の重要課題（大）かつ社会的に重要課題（大）」（Iの部分）とその下に位置する「企業自身の重要課題（大）かつ社会的に重要課題（小）」（IIの部分）となる。社会の価値観の変化に伴い，投資家は図のIの部分をより深く，そして詳細に見る必要が生じてきているものと考える。

今後，投資家には前記した様々な事象を理解する包括的な視点（意識）が求められるものと考える。ただし，投資家にとっての「情報の価値」はファンダメンタルズ分析の中に落とし込むことができて初めて発生するものであることには留意する必要がある。2017年に改訂された日本版スチュワードシップ・コードの原則3（当該企業の状況の的確な把握）の指針にESG要素への考慮が取り入れられたのも，この文脈に沿ったものであろう。

(2) ESG評価の変容

今後，ESG評価の在り方も変化が予想される。具体的には，ガバナンスの重要性は従来どおり変わらないものの，社会（S）評価において，企業と従業員との関わり方，サプライチェーンの管理，食の安全，法令違反，製品の安全性など様々な事象が企業価値及び株主価値に与える影響が大きくなっており，ESG評価及び投資判断において今まで以上に注視する必要があると考えている。また，環境（E）評価においても，環境規制への対応だけでなく，社会の環境

第Ⅱ部　非財務情報とESG情報の実効的な開示

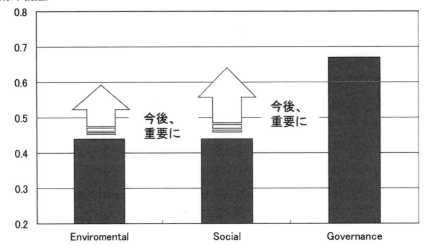

図表3-24　投資判断におけるE・S・G要因の有用性の変化

(注) 各項目の平均：E1.9, S1.9, G2.0, ESGの各項目のレーティング毎の標準偏差を計算
(出所) 井口 (2013b)

に対する感度が上がる中，環境への取組みをブランドの向上に役立てようとする企業や新製品の開発につなげようとする企業も出てこよう。また，企業理念の一部とし従業員の一体感醸成に活用する企業も考えられる。

このような中，議論した「投資判断におけるESG評価の有用性」においても，E・S・G評価の重要性が変化すると考えている。具体的には，図表3-24にあるように，環境（E）と社会（S）に関する情報の有用性が上方にシフトするものと予想している。

必要とされる投資家の対応

このような企業行動の構造的な変化に応じESG評価の見方を変えることは，投資家の企業活動に対する分析をより深めることとなり，企業経営者との意識の共有化を深めることにもつながるものと考える。また，その結果，より建設的な対話を進めることにも役立つと考える。一方，投資家，とりわけ，アナリストにとっては足もとの社会の変化や企業行動の変化が業種横断的かつ現在進行形で発生しており，業務をサポートするための組織的な対応や工夫が必要とされる場面もあろう。ただ，組織的サポートがあったとしても最後にその情報を咀嚼し，自らの長期業績予想モデルに落とし込む役割は個々の投資家にあるものと考える。

(注52)　井口 (2017a)

8 まとめ

　この章では，投資家の中長期志向化が進む中，有用性が高まる非財務情報について考察した。
　スチュワードシップ・コードへの署名は機関投資家という組織ベースで行われるが，署名に伴う各社の運用フィロソフィーの変化に伴い，運用現場の投資家・アナリストの投資判断も中長期指向化することとなる。このような投資行動の変化により，従来の財務情報に加え，非財務情報が重要となるが，この非財務情報を分析する枠組みとしてESGが脚光を浴びている。企業理念・ビジネスモデル・経営戦略・ガバナンスを理解した上で，企業価値創造の持続性を確認するためESG評価を活用することとなるため，ESG評価の成否が中長期投資家の株価パフォーマンスを決めることとなる。
　非財務情報の投資判断への有用性をESGの側面でみると，一般によくいわれるようにG（ガバナンス）の有用性は高いが，業種や企業，あるいは，企業の置かれた状況により，その有用性は異なる。また，ESG評価の高い企業は長期的な株価パフォーマンスに優れる傾向が見られるため，『よい企業はよい投資対象になりうる』と考えている。
　グローバルでも，中長期投資実行のメルクマークとして運用プロセスへのESG要因の統合が進んでいる。米国では2015年にエリサ法の再解釈が行われ，ESG投資への障害が取り除かれた。他の諸国でも同様の態勢整備が進んでおり，投資におけるESG要因の活用が一段と進むものと予想している。一方で，欧米中心に企業に社会的責任を問う声が高まっており，このような動きが企業行動にも影響を及ぼすと予想している。このため，投資家がESG評価を活用した分析を行う際にも，企業の社会的責任に配慮する必要が出てきている。具体的には，E・S・G評価の中で，E評価とS評価の重要度が増すものと考える。

（補論）ESG投資とSRI投資

　ESG投資（ESGに着目した投資）とは，投資に際し，企業の「ESG」の側面に配慮し，運用を行うことである。一昔前までは，ESG投資は，SRI投資（社会的責任投資）の一つとされていた。SRI投資は，従来の財務分析による投資基準に加え，社会・倫理・環境といった点などにおいて社会的責任を果たしているかどうかを投資基準にし，投資行動をとる投資手法である。
　SRI投資のよく挙げられる例としては，タバコ，ギャンブル，武器に関連する企業への投資を禁じることなどが挙げられる（ネガティブ・スクリーニング）。また，環境に優しい企業か，法律を遵守しているかなどが基準に加えられることも多い。宗教的な配慮がなされることもある。しかし，この「社会的責任投資の考え方」は，受益者から預かった資産の運用パフォーマンス拡大にのみ全力を尽くさなければならない「受託者責任」と相容れない部分もあるため，

第Ⅱ部　非財務情報とESG情報の実効的な開示

図表3-25　グローバルのサステナブル投資残高

（10億ドル）

Region	2014	2016	Growth over period	Compound Annual Growth Rate
Europe	$10,775	$12,040	11.7%	5.7%
United States	$6,572	$8,723	32.7%	15.2%
Canada	$729	$1,086	49.0%	22.0%
Australia/New Zealand	$148	$516	247.5%	86.4%
Asia ex Japan	$45	$52	15.7%	7.6%
Japan	$7	$474	6689.6%	724.0%
Total	$18,276	$22,890	25.2%	11.9%

（出所）Global Sustainable Investment Alliance（2017）

運用業界全体の流れとまでには至らなかった。このような中，運用パフォーマンス拡大に重点を置くESG投資が注目を集めている。

「長期投資を通じ，まずは，（顧客のために）"長期的なリターン"の最大化を目指す。そして，その投資行動が，究極的には，持続可能性（Sustainability）へのサポートという形で，社会貢献にもつながる」というのが，最近，よく話題となる「ESG投資」の考え方の主流であり，SRI投資とは一線を画す。

経営学の分野で，ポーター教授が，企業の社会的貢献に対し，従来の寄付的な概念から脱し，事業と社会が価値を共有し，事業活動を通じ，社会貢献も可能とする，「CVS（Created shared Value）」を提唱している。この資産運用版がESG投資と考えてよいのかもしれない。

① サステナブル投資残高の規模

ESG投資とSRI投資の合計額であるサステナブル投資額を集計しているGSIA（Global Sustainable Investment Alliance）は2年に一度，その集計結果を発表している。最新版[注53]は2016年時点での集計となるが，図表3-25をみると，2016年のグローバルのサステナブル投資額は，2014年の前回調査から25.2％増加し，約2,500兆円（22,890 Billion米ドル）とグローバルでも投資残高が大きく増加していることがわかる。

国別の内訳をみると欧州（Europe）が最大の投資残高となっているが，米国も前回調査から32.7％増加させており，必ずしも，欧州だけが主導しているとはいえない状況である。また，日本のサステナブル投資残高は，2016年時点では約56兆円（474 Billion米ドル）と急増しているものの，欧米に比べ低水準にとどまっている。ただし，2017年9月時点のJSIFの調査[注54]では，サステナブル投資残高は，2017年にも，2016年の56.3兆円から136.6兆円（1,236Billion米ドル）へと急増しており，カナダに迫る勢いとなっている。

第3章　非財務情報の有用性の高まり

図表3-26　グローバルのサステナブル投資残高の類型

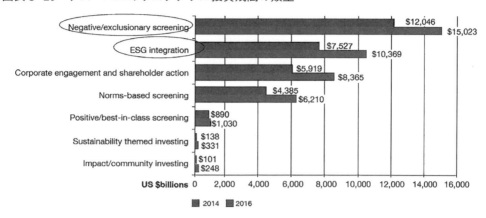

（出所）Global Sustainable Investment Alliance（2017）

② 地域により異なるサステナブル投資残高の類型

グローバルのサステナブル投資残高の類型をみる（各類型の説明は76頁参照）。図表3-26をみると，海外では，倫理的でないと定義される特定の業界に属する企業を投資先から除外するSRI的な投資戦略である「ネガティブ・スクリーニング（Negative/exclusionary screening）」の残高が最も多く，投資残高の伸び率も高いこと，2番目に投資残高の多い投資類型として，運用プロセスにESG要因の統合を行うESGインテグレーション（ESG integration）があることがわかる。実際，グローバルでは，まだ，社会的責任を果たすことを重要とするSRI投資的な投資手法も多く残っており，これが調査結果に表れているものと推察される。

図表3-27　日本のサステナブル投資残高の類型

運用手法ごとのサステナブル投資残高（金額は百万円単位）

	前回	今回	前回比
ESGインテグレーション	14,240,387	42,966,133	+201.7%
ポジティブ(ベスト・イン・クラス)・スクリーニング	3,020,214	6,693,443	+121.6%
サステナビリティ・テーマ型投資	1,036,139	1,384,773	+33.6%
インパクト・コミュニティ投資	369,657	372,616	+0.8%
議決権行使・エンゲージメント	34,890,329		
議決権行使		55,007,706	
エンゲージメント		88,037,433	
ネガティブ・スクリーニング	2,249,951	14,309,760	+536.0%
国際規範に基づくスクリーニング	6,741,902	23,908,999	+254.6%

（出所）JSIF（2017）

一方，2017年のJSIFの調査によれば，日本では，ESG インテグレーション（ESG integration）が圧倒的に多く，これに続いて，議決権行使・エンゲージメント（Corporate engagement and shareholder action）が続く。グローバルの状況とは異なり，ネガティブ・スクリーニング（Negative/exclusionary screening）の残高はあまり大きくないという特徴がある。

③ 地域により異なるサステナブル投資の発展形

SRI投資は20世紀前半に，欧米では，キリスト教の考え方や教会という組織から大きな影響を受けて拡大した[注55]といわれるが，日本におけるESG投資の広がりは，前述したように，2014年に導入されたスチュワードシップ・コードがきっかけとなっている。このため中長期視点が重視されるESG投資的なESG インテグレーション（ESG integration）の残高が圧倒的に多く，ネガティブ・スクリーニングの残高が少ないといった傾向が出ているものと考える。このようにサステナブル投資といっても，地域の実情や歴史によりその発展形は異なることとなる。

<ご参考：サステブル投資の類型>

① ESG インテグレーション（ESG integration）
 通常の運用プロセスにESG要因を体系的に組み込んだ投資
② ポジティブ・スクリーニング（Positive/best-in-class screening）
 財務とESGの2つのスクリーニングを使用して選別されたセクターや企業等に投資する。（例：エコファンド等）
③ サステナビリティ・テーマ型投資（Sustainability-themed investing）
 再生エネルギー，環境技術，農業等のサステナビリティのテーマに着目した投資。（例：再生エネルギーファンド，グリーンボンド等）
④ インパクト・コミュニティ投資（Impact/community investing）
 社会，環境，コミュニティに与えるインパクトを重視する投資。（例：ワクチン債，グリーンボンド等）
⑤ エンゲージメント・議決権行使（Corporate engagement and shareholder action）
 ESGのエンゲージメント方針に基づき，企業に働きかけ（議決権行使を含む）を行う。
⑥ ネガティブ・スクリーニング（Negative/exclusionary screening）
 倫理的・宗教的な理由・（武器，ギャンブル，たばこ，アルコール，原子力発電，ポルノなどで）倫理的でないと定義される特定の業種・企業を投資対象としない。
⑦ 国際規範に基づくスクリーニング（Norms-based screening）
 国際機関（OECD，ILO，UNICEF 等）の国際規範に基づいた投資。（例：オスロ条約）

（出所）JSIF「サステナブル残高調査2015」を参考に筆者作成

(注53) Global Sustainable Investment Alliance（2017）
(注54) JSIF（2017）
(注55) 小方（2016）

第4章 非財務情報に関する企業報告の枠組みと課題

1 はじめに

　第3章で議論したように，投資家の視点の中長期指向化とこれに伴う有用な投資情報が変化する中，企業報告における非財務情報提供の枠組みもこれに資するよう整備される必要がある。非財務情報提供に関する企業報告の枠組みには，各国のルールで規定される「ルールベースの枠組み」とステークホルダーからの要請に応じ策定される「国際的枠組み」の2つがあるが，この両方の枠組みにおいて変化が見られる。

　本章では，企業報告の本来の役割について触れたのち，投資家の観点から「ルールベースの枠組み」と「国際的枠組み」について比較・整理を行う。SDGsやTCFDなど企業報告に影響を与えうる事項についても考察したい。

2 企業報告の役割と目的

　企業報告の枠組みには，各国のルール（開示に関する法律及び証券取引所の規則など）で規定されている「ルールベースの枠組み」と様々なステークホルダーからの要請に応じて策定される「国際的枠組み」の2つがある。ルールで規定される枠組みとしては，日本では有価証券報告書（金融商品取引法），決算短信・コーポレートガバナンス報告書（東京証券取引所）などが挙げられる。国際的な枠組みには，統合報告書を牽引するIIRCの国際報告フレームワーク，サステナビリティ報告書の基準として活用されるGRIのGRIスタンダード，CO_2の開示に焦点をあてるCDP，米国企業向けに業種毎のKPIを策定するSASBのSASB基準など様々なフレームワークが存在する。

　本節では，企業報告の枠組みの議論に入る前に，まず，企業報告の本来の役割と目的について確認したい。この役割と目的の明確化は，企業報告の枠組みを議論する際の視座を与えるものになると考える。

(1) 企業価値向上に資する企業報告

図表4-1には,企業内部から外部に情報が開示されるまでの企業報告策定プロセスにおける3つのステップを示している。

① 「態勢整備」適切な企業報告を実施するため,企業内部の態勢を整える
② 「適切な開示情報の決定」ステークホルダーにとっての重要性を決定し,適切な情報を提供する
③ 「対話の活用」開示に基づいた外部ステークホルダーとの対話により,企業内部の改善に活かす

各ステップで必要となる取組みは以下のとおりである。

① 企業報告のフレームワークに可能な限り沿った形で報告を行うため,<u>企業内部の態勢を整える必要</u>(例えば,コーポレートガバナンス報告書におけるコーポレートガバナンス態勢整備)がある。

図表4-1 企業報告を通じた企業価値向上プロセス

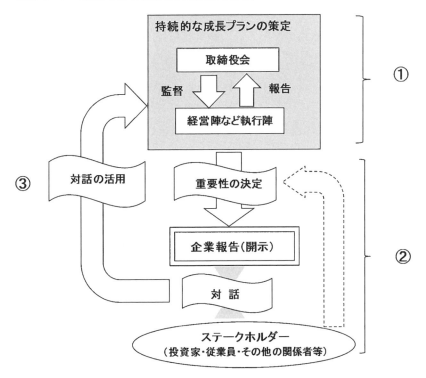

(出所)筆者作成

第Ⅱ部　非財務情報とESG情報の実効的な開示

② 自社の事業展開や企業価値の向上の観点から重要なステークホルダーを決め，開示する情報を決定する。この開示する情報の決定に至る過程で，投資家を含むステークホルダーとの対話を行うこともある。また，経営陣が決定した開示内容には，<u>社外取締役も含む取締役会でのモニタリングと承認を受ける必要がある。</u>

③ 開示された情報に基づき，投資家を含めた外部のステークホルダーとの対話が行われることになるが，この際，株主も含めたステークホルダーから改善の要求もあろう。様々な要求があるものと考えるが，<u>この中で，取締役会が妥当と考えるものについては，対話に基づき，企業の態勢の整備を行う必要がある。</u>

この①～③のステップの中で，ステークホルダーに対し有用な情報提供を行うという②の重要性は論を待たないが，企業報告には，もう一つ大きな役割がある。それは，①と③に示されている「企業報告の実践に伴う企業内部の改革」である。このメカニズムにより，企業報告は単なる報告にとどまるのではなく，企業価値の向上につながることとなる。

実際，これから議論する非財務情報提供に関する企業報告の枠組みにおいても，究極の目的は企業報告自体にあるのではなく，企業報告の策定プロセスを通じた企業の内部改革にある。そして，各々の組織の目的を達成するため，様々な企業報告に関する枠組み（フレームワーク）が設定されているのである。

例えば，第3章で紹介したが，アジア各国の証券取引所が上場企業に対し，サステナビリティ報告書の作成を義務づける動きがある。この背景には，企業報告を通じ，企業行動を社会の規範にあったものにしたいという政策当局の意図があろう。また，2011年に，「アプライ・オア・エクスプレイン」（適用せよ，適用しない場合はその理由を説明せよ）というアプローチで統合報告を制度化したはじめての国となった南アフリカ共和国の場合も同様である。人種隔離制度（アパルトヘイト）により国際社会から経済的に孤立し，外国資本の流入低迷により経済状況が著しく悪化したことから，企業報告を通じた企業行動の改革を目指したことに統合報告導入の理由がある[注56]との指摘もある。

「サステナビリティとは，単なる報告書作成ではない。素晴らしいことに，経済的，環境的，そして社会的なアクションは互いにリンクしており，そしてそれらの繋がりが驚くべき価値を創造する可能性を持っている。[注57]」（ビル・マクダーモット（SAP最高経営責任者））との発言は，企業報告の本質をついたものといえよう。

(2) 日本のコーポレートガバナンス報告書にみる企業報告の役割

コーポレートガバナンス・コードの準拠書類であるコーポレートガバナンス報告書（以下，ガバナンス報告書）で，企業報告と企業価値向上プロセスの関係を確認する。

①　コーポレートガバナンス報告書とは

図表4－2は，味の素株式会社のガバナンス報告書の最初のページからの抜粋であるが，当報告書では，コーポレートガバナンス・コード（注58）への準拠状況（すべてコードの原則に準拠しているのか否か，準拠していない場合には準拠しない理由）と各原則に基づく開示を行う必要がある。

2015年に日本版のコーポレートガバナンス・コード策定と導入にあたって，OECDのガバナンス原則や海外で導入されているコーポレートガバナンス・コードも参照されたが，グローバルではコーポレートガバナンス・コードは，企業が持続的な成長を行う上でのコーポレートガバナンス面での成功事例を集めたベストプラクティスといわれている。従って，原則主義（プリンシプルベース）ではあるが，企業がこのコードの各原則に可能な限り準拠することが望ましいこととなる。また，準拠しない場合は十分な理由の説明が必要となる。

②　コーポレートガバナンス報告書と企業価値向上

さきほどの図表4－1の「企業報告を通じた企業価値向上プロセス」でガバナンス報告書の策定と企業価値向上の関係を確認する。

図表4－2　コーポレートガバナンス報告書

コーポレートガバナンス
CORPORATE GOVERNANCE
Ajinomoto Co.,Inc

最終更新日：2017年6月30日
味の素株式会社
取締役社長　最高経営責任者　西井　孝明
問合せ先：経営企画部　03-5250-8157
証券コード：2802
http://www.ajinomoto.com/jp/ir

当社のコーポレート・ガバナンスの状況は以下のとおりです。

I コーポレート・ガバナンスに関する基本的な考え方及び資本構成、企業属性その他の基本情報

1．基本的な考え方

味の素グループは、うま味を通じて粗食をおいしくし、国民の栄養を改善するという創業の志を受け継ぎ、創業以来一貫した、事業を通じて社会価値と経済価値を共創する取り組みにより成長してきました。この取り組みをASV（Ajinomoto Group Shared Value）と称し、これからも事業を通じて「21世紀の人類社会の課題」である「地球持続性」、「食資源」、「健康な生活」に積極的に貢献することで、ASV進化による持続的な成長を目指します。
当社は、ASVの展開を加速し、「確かなグローバル・スペシャリティ・カンパニー」を実現するためには、コーポレート・ガバナンスが重要な経営基盤の一つであるとの認識に立ち、グループ一丸となって「味の素グループ行動規範」に基づく行動を実践し、内部統制システムの整備とその適正な運用に継続的に取り組み、ステークホルダーとの対話・連携を通じてコーポレート・ガバナンスの強化・充実に努めます。

【コーポレートガバナンス・コードの各原則を実施しない理由】

当社は、コーポレートガバナンス・コードの各原則を実施しています。

【コーポレートガバナンス・コードの各原則に基づく開示】

【原則1－4】（いわゆる政策保有株式）
（1）当社は、取引先との良好な取引関係を構築し、事業の円滑な推進を図るため、主として取引先からの保有要請を受け、取引先の株式を取得し、保有することがあります。取引先の株式は、取引関係の強化、ひいては当社事業の発展に資すると判断する限り、保有し続けますが、毎年取締役会で検証を行い、保有する意義の乏しい銘柄については、適宜株価や市場動向を見て、売却します。
（2）株主価値が大きく毀損される事態やコーポレート・ガバナンス上の重大な懸念事項が生じている場合などを除き、保有株式に係る議決権の行使にあたっては、取引先との関係強化に生かす方向で議決権を行使します。

【原則1－7】（関連当事者間の取引）
取締役が子会社等（完全子会社を除く）の社長等を兼務し、取引の相手方となって当社と取引をする場合など、取締役の競業取引や利益相反取引については、取引内容を示して取締役会の承認を受けています。
大株主との取引については、以下のURLにおいて開示する味の素グループ行動規範に定める「公正で透明な取引」および、「味の素グループ購買基本方針」に従い取引を行っています。
味の素グループ行動規範「3．公正で透明な取引」
http://www.ajinomoto.com/jp/aboutus/vision/group/business.html
「味の素グループ購買基本方針」
http://www.ajinomoto.com/jp/aboutus/vision/purchase/

（出所）味の素株式会社

企業は，ステップ①にあるように，ガバナンス報告書作成にあたって，原則に定められる事項に不足がある場合は，まず，態勢面の整備を行う必要がある。実際，コーポレートガバナンス・コードの原則4-8にある社外取締役の定めに基づき，日本企業の多くは複数の社外取締役の導入を行った。

ステップの②の開示情報の決定に関しては，ガバナンス報告書の場合は，投資家向けということが定められており，報告すべきステークホルダーは明確である。一方，プリンシプルベースのため，各原則に準拠するのか否か，また，準拠する場合には十分な理由の開示が必要となるが，この判断の適正性に関する取締役会のモニタリングは必要となる。

そして，報告書の開示を行い，これに基づき，投資家と対話をし，開示内容に不足がある場合，再度，企業内部の態勢の整備を行う必要がある。さきほどの社外取締役の例でいうと，社外取締役の独立性や取締役としての適正（スキルや経験）が不足している場合などとなろう。これは，最後のステップ③に相当する。

このように，日本のコーポレートガバナンス・コードとその準拠書類であるガバナンス報告書には，企業価値向上を達成するステップが埋め込まれていることとなる。また，他の企業報告についても同様である。企業報告書の策定を通じた企業価値の向上に企業報告の本来の役割があると考えている。

(注56)　「統合報告へと発展する発端となったガバナンスの原則は，偶然にも同国初の全人種参加による総選挙が行われた1994年に制定されている」エクレス，クルス（2015）21頁
(注57)　エクレス，クルス（2015）3頁
(注58)　東京証券取引所（2015）

3　非財務情報報告の枠組み（ルールベースの枠組みの動向）

すでに指摘しているように，企業報告の枠組みには，「ルールベースの枠組み」と「国際的枠組み」の2つがあるが，ここでは，まず，ルールベースの枠組みにおける，欧州と米国の動向を確認する。

(1)　米国における非財務情報開示の改革

米国では，年次報告書の非財務情報を対象とする規則であるRegulation S-Kを中心に改革が行われている。2010年2月，証券取引委員会（SEC）は，気候変動に関する開示のためのガイダンス[注59]を発行した。Regulation S-Kの中には，「MD&A（経営者による財務・経営成績の分析）」を定めたItem303や「リスク要因」を定めたItem503（c）などがあり，（投資判断に影響を与えうる）重要な非財務情報については，従来から開示を要求されていた。

第4章 非財務情報に関する企業報告の枠組みと課題

図表4-3 気候変動に関するガイダンス

(出所) SEC (2010)

2010年に出されたガイダンスでは，具体的に，気候変動に関する情報をItem303などの項目でどのように取り扱うかということについての解釈を示したものである。

報告書では，このガイダンスが導入された背景として，環境規制や排出量取引制度の導入など国際的に気候変動関連の政策の導入が進み，気候変動関連の事項が企業の財務状況に大きな影響を与える状況が存在することに加え，機関投資家からの環境に関する開示の要求が強まっていることが挙げられている。

① 気候変動に関する開示のためのガイダンスの内容

ガイダンスでは，開示すべき気候変動情報の例として，「法規制による影響」「国際協定（京都議定書など）の影響」「気候変動がもたらす物理的な影響」の各々のケースについてRegulation S-Kのどの条項に該当するかが記載されている[注60]。

下記は，このガイドラインで，特にページを割いて説明している「法規制による影響の部分：Impact of Legislation and Regulation」についてのガイダンスの抜粋である。抜粋の中では，連邦・州レベルで気候変動に関する法制の動きが進んでおり，Item303（MD&A：経営者による財務・経営成績の分析）でも，重要となる場合は記述が要請されるとして，温室効果ガスの排出権取引制度（"cap and trade"）により，企業の売上高・費用・利益が影響を受ける事例を示している。

第Ⅱ部　非財務情報とESG情報の実効的な開示

A．Impact of Legislation and Regulation

　As discussed above, there have been significant developments in federal and state legislation and regulation regarding climate change. These developments may trigger disclosure obligations under Commission rules and regulations, <u>such as pursuant to Items 101, 103, 503（c）and 303 of Regulation S–K.</u>

（中略）

　<u>Item 303</u> requires registrants to assess whether any enacted climate change legislation or regulation is reasonably likely to have a material effect on the registrant's financial condition or results of operation.

（中略）

　<u>Examples of possible consequences</u> of pending legislation and regulation related to climate change include:
・Costs to purchase, or profits from sales of, allowances or credits under a "cap and trade" system;
・Costs required to improve facilities and equipment to reduce emissions in order to comply with regulatory limits or to mitigate the financial consequences of a "cap and trade" regime;

（以下，略）

（出所）SEC（2010）より筆者抜粋，重要箇所に下線

---

②　非財務情報開示のフレームワークの改革の動き

　このように，気候変動に関わるガイダンスがSECから出されたにもかかわらず，現実の米国企業の非財務情報の開示は進展していない。一方，投資家からの更なる非財務情報の開示に対する要求は高まっているため，SECは，非財務情報の開示規則であるRegulation S–Kの見直しの検討を行っている。このSECの方針に対する意見募集も行われたが，非財務情報（ESG情報）

の開示充実を求める声が多数寄せられているとのことである。

トランプ大統領誕生による不透明感も漂うが，米国の企業報告の開示政策の方向性に変化の兆候もあることから，今後の方向性に注目したい。

(2) 欧州の非財務情報開示の動向

限定的な取組みにとどまる米国と比べ，欧州では，気候変動のみならず，ESG情報全般の開示に関する制度的な整備が行われており，より包括的な取組みが行われているものと判断している。

図表４－４　非財務情報・多様性情報開示に関するEU指令

15.11.2014　EN　Official Journal of the European Union　L 330/1

I

(Legislative acts)

DIRECTIVES

DIRECTIVE 2014/95/EU OF THE EUROPEAN PARLIAMENT AND OF THE COUNCIL

of 22 October 2014

amending Directive 2013/34/EU as regards disclosure of non-financial and diversity information by certain large undertakings and groups

(Text with EEA relevance)

THE EUROPEAN PARLIAMENT AND THE COUNCIL OF THE EUROPEAN UNION,

Having regard to the Treaty on the Functioning of the European Union, and in particular Article 50(1) thereof,

Having regard to the proposal from the European Commission,

After transmission of the draft legislative act to the national parliaments,

Having regard to the opinion of the European Economic and Social Committee (1),

Acting in accordance with the ordinary legislative procedure (2),

Whereas:

(1) In its communication entitled 'Single Market Act — Twelve levers to boost growth and strengthen confidence — "Working together to create new growth"', adopted on 13 April 2011, the Commission identified the need to raise to a similarly high level across all Member States the transparency of the social and environmental information provided by undertakings in all sectors. This is fully consistent with the possibility for Member States to require, as appropriate, further improvements to the transparency of undertakings' non-financial information, which is by its nature a continuous endeavour.

(2) The need to improve undertakings' disclosure of social and environmental information, by presenting a legislative proposal in this field, was reiterated in the Commission communication entitled 'A renewed EU strategy 2011-14 for Corporate Social Responsibility', adopted on 25 October 2011.

(3) In its resolutions of 6 February 2013 on, respectively, 'Corporate Social Responsibility: accountable, transparent and responsible business behaviour and sustainable growth' and 'Corporate Social Responsibility: promoting society's interests and a route to sustainable and inclusive recovery', the European Parliament acknowledged the importance of businesses divulging information on sustainability such as social and environmental factors, with a view to identifying sustainability risks and increasing investor and consumer trust. Indeed, disclosure of non-financial information is vital for managing change towards a sustainable global economy by combining long-term profitability with social justice and environmental protection. In this context, disclosure of non-financial information helps the measuring, monitoring and managing of undertakings' performance and their impact on society. Thus, the European Parliament called on the Commission to bring forward a legislative proposal on the disclosure of non-financial information by undertakings allowing for high flexibility of action, in order to take account of the multidimensional nature of corporate social responsibility (CSR) and the diversity of the CSR policies implemented by businesses matched by a sufficient level of comparability to meet the needs of investors and other stakeholders as well as the need to provide consumers with easy access to information on the impact of businesses on society.

（出所）European Union（2014）

第Ⅱ部　非財務情報とESG情報の実効的な開示

① 「非財務情報・多様性情報開示に関するEU指令」の策定

2003年に，欧州委員会は，年次報告書に開示される情報は会社の財務的な側面に限定されるべきではなく，会社の発展や業績，状況を理解するために必要な環境や社会的側面の分析を含める，とする「会計法現代化指令」を公表した。この指令は，欧州における非財務情報の報告の枠組みにおける大きな転換点となり，英国では2006年に会社法が改正され，事業報告において環境や社会に関する非財務情報の開示の要請が定められるなど，欧州各国で非財務情報開示の制度が整えられるきっかけとなった。

しかし，その後のEUの非財務情報開示に関する調査等で，英国，フランス，北欧諸国などでは，EU指令を超えるレベルの取組みが行われる一方，取組みに遅れが見られる国があること，投資家と企業にとっても環境・社会要因が2003年当時と比べ格段に重要になっていることを背景として，再度の改訂が行われた。その結果，2014年4月に「非財務情報・多様性情報開示に関するEU指令」[注61]が欧州議会で採択され，同12月に発効することとなった。この指令を受け，EU加盟国には，2016年12月までに国内のルール整備が求められるとともに，当ルールに該当する企業も2017年1月から始まる会計年度もしくは2017年の暦年中に新ルールに対応することとなった。

② EU指令の内容・ガイダンス

非財務情報の開示に関するEU指令策定の目的について報告書では，「社会要因や環境要因などの持続性（Sustainability）に関わる事業（business）情報は，持続性に関わるリスク対応力，投資家と消費者の信頼性の向上に資する。実際，長期的な収益性・社会正義・環境保護を結びつけ，持続性に関わるグローバルの潮流へ対応するためには非財務情報の開示は必要不可欠である。この文脈において，非財務情報の開示は，取り組みの進捗状況と社会への影響を，計測・監督・管理することに役立つと考える。」としている。

＜開示内容・記載場所＞

求められる開示内容については，全ての非財務情報の開示を求めているのではなく，企業の展開，業績，ポジションを理解することに必要な関連する有用な情報の開示のみとしている。

具体的には，下記に非財務情報の開示に関するEU指令の主な内容について抜粋している。「③公開する情報」において，環境・社会・雇用などに対する方針・実績・リスクの開示，監督体制（関連する場合，サプライチェーンも含む）など詳細かつ具体的な表現となっている。また，「④公開方法」では，経営者のコメントが掲載されるマネージメントレポートに記載することが求められており，非財務情報の開示についての経営者の関与を求めているものと推察される。また，開示様式については，国際的枠組み（GRI，CDP，SASB，IIRCなど）の活用を許容している。

第4章　非財務情報に関する企業報告の枠組みと課題

＜非財務情報・多様性情報開示に関するEU指令の概要（非財務情報部分のみ）＞

① 対象企業
- 従業員500人以上の社会的影響度の高いEU域内企業（Public interest entities）で上場会社や金融機関なども含まれる

② <u>重要性（対象となる情報の範囲）</u>
以下の条件を満たすもの
- <u>企業の活動，製品やサービス，及び，ビジネス関係に関連する事象</u>
- 深刻な影響を及ぼす可能性が高い主要なリスク（すでに発現したリスクも含む）
  ＊深刻度合は「影響範囲」と「重大性」の観点で判断される。

③ 公開する情報
一貫性と比較可能性を担保するため，非財務情報は以下の情報を含むべき
- 環境・社会・雇用・人権・反汚職に対する方針・実績・リスク
- 上記事項への監督体制（関連する場合，サプライチェーンも含む）

④ 公開方法など
- マネージメントレポートで公開（連結での開示）
- 国別のフレームワークの他，国際的な企業報告フレームワークの活用も可
- 後日，ガイダンス（KPI設定を含む）を発行する予定（2017年5月公表）

（出所）European Union（2014）より，主な内容を筆者抜粋，重要箇所に下線

なお，この指令の対象は追加の開示負担も考え，上場企業などの大手企業にのみ適用されることになっている。

＜非財務情報に関するEU指令のガイダンス[注62]＞

非財務情報に関するEU指令の大きな特徴は，その定着をはかるため，欧州委員会が，2017年5月にガイダンスを発行していることである。ガイダンスでは，主要ポイント毎に，具体的に「事例とKPI」（Example and KPIs）を掲げ，開示を行う企業サイドにもわかりやすい構成となっている。また，ガイダンスの中では，非財務情報の進捗状況を計測するために，投資家が有用と考えるKPIの設定についても積極的に盛り込んでいる。

第Ⅱ部 非財務情報とESG情報の実効的な開示

図表4-5 非財務情報開示のガイダンス

The analysis of outcomes should include relevant non-financial KPIs. Companies are expected to disclose the KPIs that they consider most useful in monitoring and assessing progress and supporting comparability across companies and sectors. Where appropriate, companies may also consider presenting and explaining this information in relation to targets and benchmarks.

Example and KPIs

A company may consider including specific disclosures explaining:

— actual carbon emissions, carbon intensity;

— use of hazardous chemicals or biocides;

— natural capital impacts and dependencies;

— comparison v targets, developments over time;

— mitigating effects of policies implemented;

— plans to reduce carbon emissions.

(出所) European Commision (2017)

例えば、図表4-5には「環境や社会等に関する方針とその実績の開示の定め」についてのガイダンスを引用しているが、KPIとしてCO_2排出量や危険な化学物質の使用量など、具体的に何を開示すればよいかまでを示している。

ガイダンスは、フレームワークの内容を実効的に定着させる効果があるため、今回のガイダンスの発行は、欧州当局の非財務情報開示の定着に対する意気込みを感じさせる。

③ 戦略的な欧州の動き

このように欧州では、米国より一段と進んだ形で、非財務情報の開示への取組みを進めている。また、その開示にあたっては、非財務情報に関する国際的な枠組みの活用も認めるなど、非財務情報に関するEU指令が国際的枠組みの発展を妨げるのではなく、逆にその発展を後押ししているようにもみえる。実際、EUの非財務情報開示指令のような「ルールベースの枠組」からの要求にも耐えられるよう改良を行った「国際的枠組み」もある。

欧州では、非財務情報開示において、グローバルのリーダーとなれるよう戦略的に非財務情報に関する政策を推進しているものと考えるが、その影響力は大きく、今後ともその動向と日本の企業報告に与える影響を注視する必要がある。

（注59） SEC（2010）
（注60） 村井ほか（2011）に詳しい。
（注61） European Union（2014）
（注62） European Commission（2017）

4　国際的枠組み（International framework）について

　次に，投資家を含めたステークホルダーからの要請に応じて策定される「国際的枠組み」について考察する。ここでは，国際的な枠組みを推進する代表的な団体として，(1)SASB，(2)GRI，(3)CDP，(4)IIRCの4団体を取り上げ，各団体が推進する報告形態について確認し，投資家の観点から議論したい。

(1)　SASB：米国サステナビリティ会計基準審議会

　Sustainability Accounting Standards Board（米国サステナビリティ会計基準審議会）の略で2011年にサンフランシスコを拠点として設立された。業種毎に投資家が有用とするKPIの設定を行うサステナビリティ会計基準（Sustainability Accounting Standards，以下，SASB基準）を策定。最終的には，米国に上場している企業が，任意の形で法定開示資料（10-Kや20-F）において，SASB基準を使用することを目指している[注63]。

①　SASBの目的

　SASBは，業種毎に企業の長期的な価値創造能力を計測・管理することのできるKPIの設定を行い，非財務情報の一段の開示を望む投資家のニーズに応えるとともに，企業のサステナビリティ課題の抽出プロセスの効率化を目指している。

　SASB基準による開示情報は，財務諸表と同様，過去情報となるが，投資家は過去の非財務情報のパフォーマンスの分析を通じ，企業の将来の企業価値創造を考察することが可能となる，また，業種毎のKPIであることから，投資家は，投資先企業を業種毎に比較，選別することも可能になるとSASBは考えている。

②　SASB基準設定のプロセス

　SASB基準設定[注64]では，図表4-6のとおり，企業の持続可能性を分析する視点として，持続性に関わる5つの局面（Sustainability Dimension）と各局面の中での持続可能性に関わる課題として30の課題（Sustainability issues）を設定している。

　5つの持続可能性の局面（Sustainability Dimension）は以下のとおりである。

(i) 環境（Environment）
　環境要因から受ける影響
(ii) 社会資本（Social capital）
　顧客・地域社会・政府などのステークホルダーとの関係や社会などから受ける影響
(iii) 人的資本（Human capital）
　長期的な企業価値創造の観点からの人材の有効活用
(iv) ビジネスモデルとイノベーション（Business model and innovation）
　持続的な課題がイノベーションとビジネスモデルへ与える影響
(v) リーダシップとガバナンス（Leadership and governance）
　ビジネスモデルや業界慣行における政府を含むステークホルダーとの関係の適切な管理

　次に，この5つの局面について，30の持続可能性に関わる課題（Sustainability issues）を設定する。例えば，「環境（Environment）」の局面では，CHG emissions，Air qualityなど7つの持続可能性に関わる課題が設定されている（図表4-6参照）。

　ただし，この30項目が一律に，すべての企業に適応されるわけではない。SASBは，企業活動は業種毎の特性で異なる一方，業種内では活動内容は共通している部分が多いとし，業種毎に重要となる課題を選定，これに対し，重要となる数値基準（KPI：Key Performance Indicator）を決定している（なお，業種区分は，10セクター，79業種で区分されているが，その区分についてもサステナビリティの機会とリスクにおいて似通った性格の企業を同一の業種としている

図表4-6　SASBの5つの局面と30の持続可能性に関わる課題

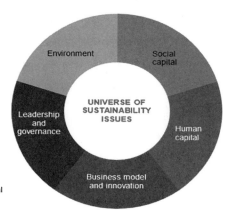

（出所）SASB（2017）

第4章 非財務情報に関する企業報告の枠組みと課題

ため,通常の業種区分とは異なる)。

このような5つの局面(Sustainability Dimension)の設定,各局面の中での課題(Sustainability issues)の選定などは,業種毎にワーキンググループが設定され,投資家に加え,当該業種に属する企業,当該業種の専門家やコンサルタント等の議論を通じ,成文化するとされている。

③ 自動車産業の例

具体的な事例として自動車産業を取り上げる。自動車産業における5つの局面と各局面で選択された主な課題及びKPIは図表4-7のとおりである(紙面の関係上,筆者がKPIを一部省略)。

5つの局面(Sustainability Dimension)の中の「社会資本(Social capital)」では,持続可能性に関わる課題として「顧客満足度:Customer welfare」が選択されている。そして,この顧客満足度を高める最も重要な要因は「安全性:Product safety」の確保であり,このことが顧客にとってだけでなく,顧客に選ばれることにより,自動車会社の収益に大きく影響するとしている。以上の理由により,「社会資本(Social capital)」では,安全に対する取組みを計測する「最高水準の安全評価を受けた(自動車の)モデルの比率」や「リコールされた台数」を

図表4-7 自動車産業のSASB基準の主な内容

項目	基準
環境:Environment	
Material Efficiency & Recycling	廃棄物の量及びリサイクル比率 等
社会資本:Social capital	
Product safety	最高水準の安全評価を受けたモデルの比率、リコールされた台数 等
人的資本:Human capital	
Labor relations	国別の労働組合加入率、ストライキの期間
ビジネスモデルとイノベーション	
Fuel economy & Use-phase emmission	販売した車の平均燃費、ハイブリッド車・電気自動車などの販売台数 等
リーダシップとガバナンス	
Materials sourcing	希少材料の割合、問題ある地域からの調達割合

(出所)Sustainable Accounting Standards:Automobileから筆者一部抜粋の上作成

開示すべきKPIとして設定している。

その下の局面である「ビジネスモデルとイノベーション（Business model and innovation）」では，今後，気候変動への対策などからますます環境に対する規制が厳しくなるとの見方から持続可能性に関わる課題として「環境と社会が資産と事業運営に与える影響：Environmental and social impacts on assets and operations」が選択されている。この課題に対する具体的な取組みを示す「販売した車の平均燃費」や「（低燃費の）ハイブリッド車などの販売台数」をKPIとして採用している。

また，「リーダシップとガバナンス（Leadership and governance）」では，今後，環境規制厳格化や消費者の環境意識の高まりにより，地球環境にやさしい車を開発・生産することが必須となる中，課題において「材料の調達：Materials sourcing」を選択している。地球環境にやさしい車はCO_2を排出しないモータを使用するが，その重要部材である希少金属（例えば，レアアース）の調達の割合を示すKPIや社会問題に対し意識が高くなっている消費者が懸念を示す問題のある地域（人権を抑圧している地域など）からの原材料の調達が必要となる割合をKPIとして開示する基準としている。

④ 投資家から見たSASB基準の意義

非財務情報に関するEU指令のガイダンスでもKPIの重要性が示されていたように，非財務情報を分析する際，その状況や進捗状況を明確に把握する際にKPIは極めて有用な情報となる。この意味では，米国企業の状況に応じて開発されたものではあるが，適切なKPIの開発を重視するSASBプロジェクトの方向性には賛同する。

また，第3章で議論したように投資家にとっての重要な非財務情報は企業の置かれた状況やビジネスモデルにおいて異なるため，比較的ビジネスモデルが似ており，共通の課題を抱える業種毎にKPIを設定する手法は共感でき，非財務情報のコミュニケーションにおいて最も難しいとされるKPI指標の設定の際のひとつの参考指標となりうると考えている。

一方，企業の状況は，業種毎ではなく，企業毎に異なり，本当に必要とされるKPIも業種毎ではなく，企業毎に異なるため，アクティブ運用者[注65]が，長期業績予想作成時や経営者と対話する際に活用する場合には不十分なKPIとなるであろう。また，SASBのKPIの設定は，米国の事情に基づいて設定されており，日本企業の実情には当てはまらないKPIとなる可能性もあるため，日本企業に対しSASB基準を活用する際には工夫が必要になると考える。

ただし，すでに議論したように，SECは非財務情報項目の開示の検討を行っており，その動向は注目される。

(2) GRI（Global Reporting Initiative）

GRIはGlobal Reporting Initiativeの略で，セリーズ（Ceres）[注66]と国連環境計画が主導す

第4章　非財務情報に関する企業報告の枠組みと課題

る形で，1999年に，民間企業，政府機関，その他の組織におけるサステナビリティ報告書への理解促進とその作成をサポートすることを目的として設立された(注67)。

① GRIの目的

GRIの活動については「グローバルのビジネスや政府が，気候変動・人権・社会福祉など重要なサステナビリティ課題についての影響を理解するとともに，その影響について意見発信することを助けることにある。この活動はすべての人のために社会的，環境的，経済的な便益を生み出すことを可能とする。また，GRIサステナビリティ報告基準は様々なステークホルダーにより策定され，公共の利益のために存在する(注68)」としている。

2000年に最初の「GRIガイドライン」が公表されたが，上場企業がCSR報告書やサステナビリティ報告書を作成する際に，最も参照されている基準の一つとなっており，日本の上場企業のサステナビリティ報告書においても，GRIガイドラインに準拠して作成された旨の記載を見かけることが多い。

② GRIスタンダードへの発展

「GRIガイドライン」は，企業，NGO，コンサルタント，監査法人，機関投資家，労働組合，学者など様々な異なる目的を持つステークホルダーが中心となり策定され，2013年に策定された第4版（G4）はサステナビリティ報告書のガイドラインとして広く普及することとなった。

このような中，2016年に「GRIスタンダード」(注69)が発表されることとなった（2018年7月から適用）。ガイドラインからスタンダードへの移行については，サステナビリティ報告書の普及のステージから，ほぼ普及が終わり，報告書のクオリティを重視する新しいステージに入ったというGRIの進化におけるステージの変化がある。

また，前述したように非財務情報に関するEU指令や証券取引所のサステナビリティ報告書の推進など「ルールベースの枠組み」の進化が続く中，ルールベースの枠組みにも参照されうる報告形態としてフレームワークのレベルを向上させる必要があったことも背景にあると推察する。従って，GRIスタンダードでは，G4から記載内容が大きく変更されているわけではないが，報告内容をより明確にするため，報告が要求される「報告要求事項」と報告するのが望ましい「報告推奨事項」を明確に区分けしたり，モジュール化を行い，各パートの記述内容が明確になるように工夫されている。

③ GRIスタンダードの考え方

GRIスタンダードの序文(注70)では，「GRIスタンダードが推進するサステナビリティ報告とは，報告組織が経済，環境，社会に与えるインパクト，すなわち，持続可能な発展という目標へのプラス・マイナス両方の寄与について，公に報告を行うことをいう。」とし，SASB基準

やIIRCの国際統合フレームワーク（後述）などにある「外部からの組織への影響」の報告に重きを置くだけでなく，「組織が外部（社会・ステークホルダー）へ与える影響」も重視していると考える。

また，「組織とステークホルダーが，経済・社会・環境に対するインパクトをコミュニケーションし，理解するための共通言語となるものである……グローバルでの<u>比較可能性と高い品質</u>を確保し，それによって組織の<u>透明性とアカウンタビリティを高めることを可能とする</u>」としており，比較可能性の確保とサステナビリティ事象の報告だけにとどまることなく，組織がこの開示を通じ，ステークホルダーと対話を行い，より組織の対応能力を高めることを目的としていることが理解できる。

④　GRIスタンダードの構成

図表4-8のとおり，GRIスタンダードは「共通スタンダード」と「項目別のスタンダード」から構成されている。

＜共通スタンダード＞

「共通スタンダード」では，GRIスタンダードに準拠する報告書策定に関する基本方針が記載されており，報告対象者，マテリアリティ（Materiality），報告品質に関する原則（正確性，バランス，明瞭性，比較可能性，信頼性，適時性）などが定められている。

なお，スタンダードでは，「報告組織はステークホルダーを特定し，その合理的な期待や関心にどう応えてきたかを説明しなければならない。(1.1)」とし，ステークホルダーへの説明責任を明確にするとともに，「ステークホルダーには，従業員およびその他の労働者，株主，サプライヤー，社会的弱者，地域コミュニティ，特にNGOをはじめとする市民社会組織などが含まれる。」とし，株主だけではなく，社会的弱者も含むマルチステークホルダーへの報告義務を課している。

＜重要性の決定＞

また，報告内容決定の重要な基準となる「マテリアリティ（Materiality）」については，図表4-9にあるように（縦軸の）「ステークホルダーの評価や意思決定に対して実質的な影響を及ぼす項目（1.3.2）」に加えて，（横軸の）「報告組織が経済，環境，社会に与える著しいインパクトを反映している項目（1.3.1）」もあるとしている。③GRIスタンダードの考え方で議論したとおり，SASB基準やIIRCの国際統合フレームワークは前者のみであり，重要性の定義は他のフレームワークとは異なっており，これが報告書の内容の差異にもつながっているものと考えている。

図表 4-8　GRIスタンダードの概要

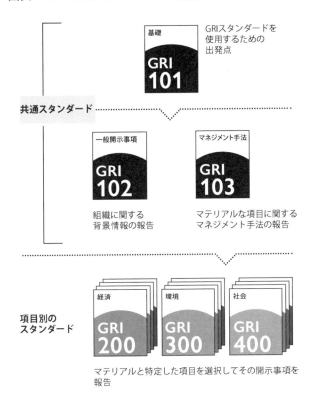

（出所）GRI（2016）

<項目別スタンダード>

「項目別スタンダード」では，雇用，腐敗防止，環境面での取組み，地域経済での存在感，サプライヤーの社会面のアセスメントなど，指定された項目についての情報提供が求められている。

各項目とも，報告が要求される「報告要求事項」と報告するのが望ましい「報告推奨事項」から構成されるが，例えば，図表 4-10にあるサプライチェーンの開示に関わる414-1の「社会的基準により選定した新規サプライヤー」の「報告要求事項」では，「社会的基準により選定した新規サプライヤーの割合」について報告が要求される。このように「項目別スタンダード」では，詳細かつ具体的な態勢や数値の説明が求められる。

ただし，プリンシプルベースであり，「要求される開示事項」でも，十分な理由があれば開示しなくてもよいこととなっている（GRI101「3.2省略の理由」）。

⑤　投資家から見たGRIスタンダード

GRIスタンダードは，投資家も含むマルチステークホルダー向けに策定されており，主要

第Ⅱ部　非財務情報とESG情報の実効的な開示

図表4-9　GRIスタンダードにおける重要性
項目の優先度の視覚的な表現

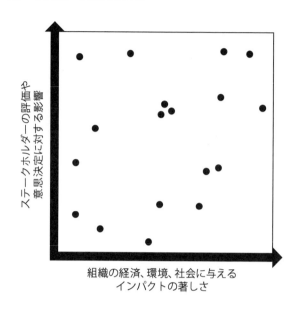

(出所) GRI (2016)

な読者を（中長期指向の）投資家・株主と設定しているSASB基準，国際統合フレームワーク，CDPなど他の国際的な枠組みとは視点が異なる。また，内容も，比較可能性や網羅性が強調されたものとなっている。

しかし，「社会との共存」を中心に置くGRIスタンダードは，投資家にとっての有用性は高く，また，今後，その有用性は高まるのではないかと予想している。これは第2章で議論したように，企業の社会的な存在感が高まる中，中長期的な企業価値創造プロセスの中に「社会との共存」への考慮を入れざるを得ない状況となっており，このため，中長期的なキャッシュフローを予想し，企業価値を算出する中長期投資家も当然のことながらこれらの社会的な要因についても配慮することになっていくからである。

＜開示事項401-1の投資家の活用＞
例えば，「開示事項401-1」に定められている「従業員の新規雇用と離職」における開示情報の投資家の活用手法を考える。

第4章 非財務情報に関する企業報告の枠組みと課題

図表4-10 GRIスタンダードにおける報告要求事項

> **開示事項414-1**
> **社会的基準により選定した新規サプライヤー**
>
> 報告要求事項
>
> 開示事項 414-1
> 報告組織は、次の情報を報告しなければならない。
> a. 社会的基準により選定した新規サプライヤーの割合
>
> ────────────────
> 手引き
>
> 開示事項414-1の手引き
> 社会的基準には、400シリーズ（社会項目）の項目を含めることができる。
>
> 背景
> 本開示事項は、社会的インパクトに関するデュー・デリジェンス・プロセスによって選択、契約したサプライヤーの割合について、ステークホルダーに情報を提供するものである。
>
> 組織が新たにサプライヤーとの関係を構築する際、可能な限り早い段階でデュー・デリジェンスを開始することが期待されている。
>
> マイナスのインパクトは、サプライヤーとの契約もしくは協定の締結の段階、および業務協力の過程を通じて、防止または軽減することができる。

（出所）GRI（2016）

開示事項401-1　従業員の新規雇用と離職

　報告組織は，次の情報を報告しなければならない

a．報告期間中における従業員の新規雇用の総数と比率（年齢層，性別，地域別内訳）

b．報告期間中における従業員の離職の総数と比率（年齢層，性別，地域別による内訳）

　GRIスタンダードで，雇用に関する事項を企業に開示させる目的は，経営者が重要なステークホルダーである従業員の重要性を再認識するという自律的なメカニズムを企業内に構築すること，また，同様の基準で雇用関係の情報を開示する他社との比較可能性を高めることにより，労働者の意識を高めたり，外部の労働団体の交渉力を強めるといった趣旨があるのではないかと推察される。

　一方，中長期視点で企業価値創造プロセスを分析する投資家にとってもこの情報は重要である。従業員は企業の成長にとってなくてはならない存在であり，あまりに離職率の高い企業は，従業員の就労意欲の低下，再教育コストの上昇への懸念，（特に，B to C企業の場合）消費者の意識を通じたブランド力の低下など，将来の中長期業績予想低下につながるリスクがあるからである。経営者との対話と，その対話の効果・進捗を確認する上でも重要な事項となる。

　筆者は，「よい（マルチステークホルダー向け）サステナビリティ報告書を作成する企業は，中長期投資家に対しよい報告書を策定できる」と考えている。これは，よいサステナビリティ報告書が策定できる企業は，GRIスタンダードで要求される広範な事項について経営者が把握していること，また，当然のことながら，不備があれば改善していることから投資家向け報告

(3) CDP

CDPは気候変動など環境分野に取り組む団体で，2000年に設立されたプロジェクト「カーボン・ディスクロージャー・プロジェクト」(Carbon Disclosure Project) がその前身である。活動領域を，当初の気候変動から，水や森林等の分野に拡大しているため，2013年に組織名称を「カーボン・ディスクロージャー・プロジェクト」の略称であった「CDP」に正式に変更している[注71]。

① CDPの活動

CDPは，「企業，都市，国や地域が，環境への影響を計測し，管理するため，グローバルの環境データを収集する仕組みを構築するとともに，この団体に加盟する機関投資家などはこのデータを活用し，投資の決定など意思決定に活用できる[注72]」ようにしている。当活動では気候変動などサステナビリティの課題に焦点を絞りながらも，機関投資家を主たる読者としていることに特徴がある。また，気候変動に関するデータベース構築と提供が目的であり，企業の年次報告書への採用などを目的とするSASB基準や国際統合フレームワークなどの他の枠組みとは一線を画する。

CDP発足当初，署名機関投資家数は35社，運用資産総額は4兆米ドルだったが，2016年調査時点では827機関（運用資産総額100兆米ドル）にまで成長し，欧米の主要なアセットオーナーや運用会社はほぼ全て署名している状況となっている。

② CDPの評価

2003年から環境情報開示を行っているが，対象企業に独自の質問票の送付を行い，その回答にもとづき採点を行っている。毎年，その採点手法を進化させているが，2017年の採点手法では，図表4-11のようにA（最高ランク）～Fまで対象企業のランク付けを行っている。

情報開示レベル（D）では開示度合を評価，認識レベル（C）では，どの程度，事業にかかわる環境問題やリスクを認識しているかで評価，マネジメントレベル（B）では，環境問題に対する活動や方針，戦略の策定の有無，実行性を評価，リーダーシップレベル（A）は，環境マネジメントにおけるベストプラクティスといえる活動をしているかどうかで評価している。最初はD（情報開示レベル）の採点から始まるが，DからC（認識レベル）に評価を上げるためには情報開示レベルで80％以上の点数をとることが要求され，CからB（マネジメントレベル）に上がる際にも同じく80％以上の点数が要求される仕組みとなっている[注73]。

2018年の採点手法の方向性についても公表されており，全業種共通の質問表からセクター別

図表4-11 CDPの採点手法

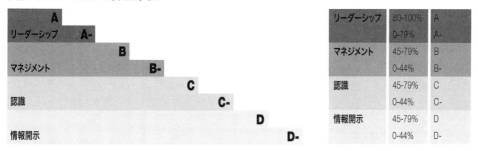

F：CDP気候変動質問書の回答評価を行うのに十分な情報を提供していない。[1]

（出所）CDP（2017）

の質問票に切り替えることやTCFDの提言（シナリオ分析の認識）が質問項目に組み入れられる予定となっている。

また，各企業のランク付け等の状況や回答率などの状況は「CDP気候変動レポート」として，毎年，開示・公表され，高い評価を受けた企業に対しては表彰が行われている。

＜日本企業の状況＞

日本でも，2011年からは「FTSEジャパンインデックス」に該当する企業を中心に選定された500社（ジャパン500）に質問書が送られている。2016年度調査では，500社のうち261社が回答，回答率が初めて50％を超えたが，2017年の回答率は57％（283社）と更に上昇している。また，最高位のAランクに評価された日本企業は，トヨタ自動車やソニーなど13社となっている。

③ 投資家から見たCDPの意義

CDPでは，環境要因（E）に焦点が絞られているが，企業価値の算出を行う中長期視点の投資家にとって重要なのは環境要因だけではなく，社会要因（S）やガバナンス要因（G）も含めた統合的な情報であるため，この枠組みだけで投資判断が簡潔するわけではない。しかしながら，CDPは，投資家を主たる情報提供先としており，投資家と目線を同じくしているという意味では環境面における有用な情報となる。

第3章で議論したように，パリ協定等を背景に気候変動に関する政策の導入が今後考えられ，中長期投資家の投資判断においても環境課題はより重要となっている。また，海外投資家の中には，環境を中心にシステマティック・リスク自体を問題視する向きもあることからCDPの取組みは重要なものとなろう。

実際，欧米では，石油大手など温暖化ガス排出量が多い企業に対し，気候変動関連の情報開示を促す株主提案を行う"Aiming for A（Aを目指せ）"が活発化している。この"Aiming for A"のAとは，CDPにおけるA評価のことであり，CDPにより開示される情報が環境面におけ

図表4-12 CDP気候変動レポート

（出所）CDP（2017）

図表4-13 国際統合報告フレームワーク

（出所）IIRC（2014）

る重要な判断材料となっていることがわかる。

(4) IIRC（International Integrated Reporting Council：国際統合報告委員会）

IIRCは，財務資本の提供者への情報の質向上，効率的に伝達するアプローチ確立などを目指し，A4S（Prince's Accounting for Sustainability Project）^(注74)とGRI（Global Reporting Initiative）により2010年に設立された。

2013年に，統合報告書作成についての考え方を示した「国際統合フレームワーク（THE INTERNATIONAL <IR> FRAMEWORK）」が公表され，これ以降，日本を含め，グローバルでアニュアルレポートの統合報告化が進むこととなった。

図表4-14のとおり，KPMGジャパンの調査によると2016年時点で，「（自己表明型）^(注75)統合報告書発行企業数」は279社となった。特に，国際統合報告フレームワーク（以下，フレームワーク）が発表された2013年頃を境に統合報告書の発行企業数が急増しており，フレームワークが大きな役割を果たしたことがわかる。当調査によれば，日経225構成銘柄の50％，JPX日経400採用銘柄の37％で統合報告書を発行しているとのことである。

① 国際統合フレームワークの目的

国際統合フレームワークの「1C：統合報告書の目的と利用者[注76]」では，「統合報告書の主たる目的は，財務資本の提供者に対し，組織が長期にわたりどのように価値を創造するかについて説明することである（1.7）」，また，「組織の長期にわたる価値創造能力に関心を持つ全てのステークホルダーにとって有益なものとなる（1.8）」とされ，企業を取り巻く，様々なステークホルダーに配慮しながらも，主要な報告対象者は，企業の長期にわたる価値創造に注

図表4-14 国内自己表明型統合レポート発行企業数

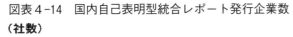

(出所) KPMGジャパン (2017) より筆者作成

目する財務資本提供者（つまり，中長期投資家）であると定められている。この点，マルチステークホルダーへの情報提供を目的とするGRIの考え方とは異なる。

「ステークホルダーへの配慮」について，中長期投資家の視点で補足する。図表4-15のように，企業は，投資家の他，顧客，取引先，地域社会，従業員など，様々なステークホルダーに囲まれているが，持続的に企業価値を高めていくにはこの全てのステークホルダーとも協業しなければならないと考えている。この点で，フレームワークの企業価値創造に焦点を当てながらも，これに関わるステークホルダーとの関係に配慮するという考え方は，中長期投資家の考え方とも一致することとなる。

図表4-15 投資家とステークホルダーの関係

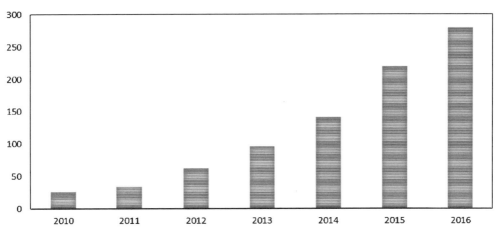

(出所) 井口 (2015b)

第Ⅱ部　非財務情報とESG情報の実効的な開示

図表4-16　国際統合報告フレームワークにおける報告境界

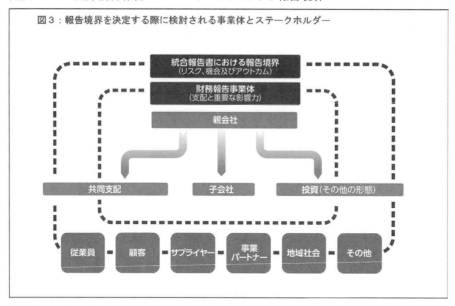

（出所）IIRC（2014）

＜報告境界＞

また，重要性の決定に重要となる報告境界においても，フレームワークでは「報告境界の中心となるのは財務報告事業体である（3.31）」としつつも，「2B：組織に対する価値創造と他者に対する価値創造」の中で，「組織自身に対する価値創造能力にとって，これら（ステークホルダー）の相互関係，活動，及び関係性が重要性を持つ場合，統合報告書に含まれる（2.7）」とされている。

ステークホルダーの説明でも触れたように，中長期投資家の投資判断においても，企業報告を行う企業自身の企業価値創造プロセスを中心としつつ，企業価値創造プロセスに関連するステークホルダーとの関わりを考慮するという思考方法をとるため，フレームワークにおける報告境界の考え方とは親和性が高い。

② 統合思考：Integrated thinkingの重要性

フレームワークでは，様々な情報を統合した報告書を財務資本提供者に提供するだけではなく，報告書の策定作業を通じた「統合思考（Integrated thinking）[注77]」の組織内への浸透による具体的な企業行動の変化とこれによる企業価値向上が期待されている。

例えば，統合報告書の策定を通じ，今まで情報交換がなかった部署間の対話が促進され，組織の壁を越えた情報共有が可能となる。策定プロセスにおける社内議論を通じ，経営理念や経営戦略の考え方が明確化されるとともに，この考え方が組織内に定着するといった事象が生じる。このことは，経営者が組織内の状況をより的確に把握することが可能となることや従業員

が企業全体の動きを理解できるようになる状況を意味しており，経営者のより的確な経営判断，従業員の一体感醸成と効率的な働き方の実現といった企業行動の改善につながることが期待される。

フレームワークの中でも「統合思考と統合報告の循環によって，効率的かつ生産的な資本の配分がもたらされ，それによって金融安定化と持続可能性につながる(注78)」とされているが，フレームワークにおける統合思考の位置づけは重い。

③ 統合報告書の構成

フレームワークの中では，報告書作成と表示の基礎となる「指導原則（Guiding Principles）」と統合報告書に含まれるべき情報を示した「内容要素（Content Elements）」が設定されている。

＜指導原則と情報の結合性の原則＞

報告書策定の原則として以下のように7つの原則が設定されている。この指導原則の中での当フレームワークの特徴は「②情報の結合性」(注79)が挙げられる。これまで議論したGRI・SASBなど他の国際フレームワークにもない原則である。

＜指導原則：Guiding Principles）＞

① 戦略焦点と将来志向：組織の戦略が価値創造能力や資本へ与える影響への洞察の提供
② 情報の結合性：長期的に組織に影響を与える要因の組み合わせ，相互関連性を示す
③ ステークホルダーとの関係性：組織がそのニーズや期待等を，どの程度理解し，それに対応しているかについての洞察の提供
④ 重要性：価値創造能力に実質的な影響を与える事象を開示
⑤ 簡潔性：簡潔なものにする
⑥ 信頼性と完全性：重要な事象を，正と負の両面につき，重要な誤りがない形で含む
⑦ 首尾一貫性と比較可能性：期間を通じ首尾一貫し，他の組織と比較可能な形とする

（出所）IIRC（2014）より，筆者加工

フレームワークの中でも「統合報告書は……組織がどのように長期にわたり価値を創造するかを伝達するために，情報の結合性を明確にするものである（1.13）」とされているが，このフレームワークの中で「情報の結合性」が重要視される理由は2つあると考えている。

ひとつは，統合報告書は，（主に）投資家が企業価値創造プロセスを容易に理解できるよう「組織の戦略，ガバナンス，実績，及び見通しが，どのように短，中，長期の価値創造を導くかについてのコミュニケーションである（1.1）」を目指しているため，情報を結合し，企業価

値創造プロセスというひとつの軸で情報を統合する必要があるためである。

　もうひとつは，より本質的であるが，すでに議論したように，フレームワークの最終的な目標は報告書策定ではなく，策定作業を通じた組織内への統合思考（Integrated thinking）の浸透と統合思考の浸透を通じた（企業文化の改善，イノベーションの拡大を通じた）企業価値の向上である。この統合思考を組織に浸透させる方策として，統合報告書策定の過程を通じ，別々の組織にある情報，そして人材を結合させる作業が有効と考えていると推察する。従って，「情報の結合」は，フレームワークにおける企業価値向上の施策として最重要の取組みとなる。

　<内容要素と価値創造プロセス>
　統合報告書に含まれるべき内容を示した「内容要素（Content Elements）」は以下の8つの要素から構成される。

<内容要素：Content Elements>
統合報告書は8つの内容要素を含み，各要素は総合に関連しており，相互排他的ではない

① 組織概要と外部環境：組織が何を行うか，組織が事業を営む環境
② ガバナンス：価値創造能力を支えるガバナンス構造
③ ビジネスモデル：ビジネスモデル
④ リスクと機会：価値創造能力に影響を及ぼすリスクと機会，それへの組織の取組み
⑤ 戦略と資源配分：組織が目指すところと達成方法
⑥ 実績：戦略目標の達成度合い，資本への影響に関するアウトカム
⑦ 見通し：戦略遂行における課題・不確実性，ビジネスモデル及び将来の実績への影響
⑧ 作成と表示の基礎：記載事項の決定方法，及び，その定量化又は評価方法

（出所）IIRC（2014）より，筆者加工

　この要素間の関係について端的に表現し，中長期的な企業価値創造プロセスを描写しているのが図表4-17にある「価値創造プロセス（通称：オクトパスモデル）[注80]」の図である。この価値創造プロセスの解釈は以下のように考えている。

　左の方から，価値創造に必要なインプットである6つの資本が，経済価値を創造する仕組みである「ビジネスモデル（内容要素③）」に投入され，新たな企業価値を創造されることとなる。このビジネスモデルを含め，組織内の活動全般をモニタリングしているのが，図表のほぼ中央部で全体を包み込む形で描かれている「ガバナンス（取締役会）（内容要素②）」である。「使命とビジョン」（企業理念）の下にあるが，企業理念に沿った形で，ガバナンスが企業活

第4章 非財務情報に関する企業報告の枠組みと課題

図表4-17　国際統合報告フレームワークの価値創造プロセス

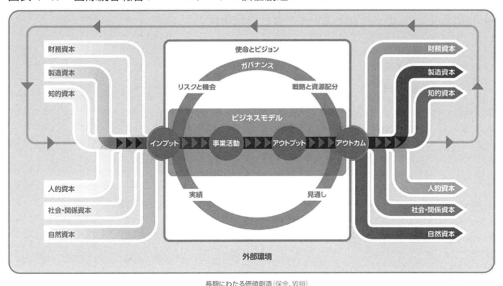

(出所) IIRC (2014)

動全体をモニタリングすることを示している。ガバナンスが，「リスクと機会（内容要素④）」，「戦略と資源配分（内容要素⑤）」，「実績（内容要素⑥）」，「見通し（内容要素⑦）」を考慮した上で，最適なビジネスモデルと戦略を選択，左方にある6つの資本をインプット（投入資源）として活用し，企業価値を創造する，というプロセスを示しているのである。

この価値創造プロセスの見方は，中長期投資家が重視する「ガバナンスの役割」を的確に描写している。海外企業の場合，「ガバナンス」の選択によりビジネスモデル自体が変わってしまう（例えば，ノキア）ケースもある。日本でも企業活動において「ガバナンス」の役割が重要であることは論をまたない。

＜インプットとしての6つの資本とその意義＞

ビジネスモデルへのインプットとして6つの資本が明示的に定められているのも，このフレームワークの特徴であろう。資本の概要は以下のとおりである。

＜6つの資本＞
① 「財務資本」組織が製品・サービスを提供する際に利用
② 「製造資本」工場や生産設備など製品の生産又はサービス提供にあたって利用
③ 「知的資本」特許や組織内の暗黙知などの組織的な無形資産
④ 「人的資本」人材力を示す

105

⑤ 「社会・関係資本」ステークホルダーやブランド
⑥ 「自然資本」空気・水・生物多様性などの環境資源

　6つの資本を明示化する意義であるが，明示的ではないが，すでに6つの資本に関する事項については投資家の企業分析あるいは企業経営者との対話の中で使われてきた。「財務資本」や「製造資本」に関する事項はもちろんのことであるが，環境問題や厳しくなる環境規制にどう対応していくのかという環境課題（「自然資本」），国内での人手不足や企業活動のグローバル化に伴い，海外の社員比率が高まっているがこれをどう活用するかという事項（「人的資本」），その他，すでに議論したように「社会・関係資本」「知的資本」なども企業との対話あるいは企業を中長期視点で分析する際には重要なポイントとなってきたのである。

　フレームワークの功績は，これらの「見えない資本」を明確化し，企業報告の報告事項として明示的に示したことである。このことは，中長期投資家の投資判断における企業価値向上プロセスの把握を容易にするとともに，企業と投資家の対話の円滑化に大きく寄与すると考えている。

④ 投資家から見た国際統合報告フレームワークの意義

　国際統合フレームワークは，主要な報告対象者として中長期指向の財務資本提供者を想定し，情報の有用性を決定し，報告書で必要とされる項目・内容を決めているため，その考え方は中長期指向の投資家にとっても親和性のあるものとなっている。

　特に，情報の結合性を重視し，企業価値創造プロセスのストーリー性を重視していることは中長期投資家と全く同じ目線であり，投資家の読みやすさと理解度の向上につながっている。また，今まで暗黙の内に，企業と投資家が議論していた事項である，ビジネスモデルへのインプット項目である6つの資本を明示化し，報告事項に入れたことにより，企業価値創造プロセスがより明確となり，投資家と企業の対話の円滑化にも資するものと考える。

　一方，課題もある。GRIなどのスタンダードと異なり，IIRCが提供するのはフレームワークであり，詳細な記載ルールではない。フレームワークは，「要求事項」と「要求事項を適用するにあたってのガイダンス」から構成されるが，要求事項は少ないため，日本のアニュアルレポートをみると重要な事項が欠落していることも多い。今後の大きな課題でもある。

（注63）　SASB（2017）
（注64）　SASB（2017）
（注65）　第3章のアクティブ投資家とパッシブ投資家の必要とする情報の違いを参照。
（注66）　Ceres：Coalition for Environmentally Responsible Economies，1989年に起きたエクソン社のタンカー，バルディーズ号によるアラスカの原油流出事故を契機とし発足した。当団体が

第4章　非財務情報に関する企業報告の枠組みと課題

出す環境配慮原則である「バルディーズ原則（現在：セリーズ原則）」では，取組みについての情報公開も求められている。

(注67)　ディビス，ルコムニク，ワトソン（2008）241頁に詳しい。
(注68)　GRIのHPより筆者抜粋，翻訳
(注69)　GRI（2016）
(注70)　GRI（2016）3頁
(注71)　CDP（2017）
(注72)　CDPのHPより抜粋
(注73)　CDP（2017）9頁
(注74)　2004年に英国チャールズ皇太子により開始され，財界のリーダー・投資家などが，意思決定の方法を，環境や社会にも配慮した統合的なアプローチを採用することにより，強固なビジネスモデル構築，持続可能な経済の確立ができるようにすることを目指す。企業のCFO，学識経験者，投資家，会計の専門家などと協業を行う。
(注75)　企業自らが統合報告書であると宣言したアニュアルレポート
(注76)　IIRC（2014）4頁
(注77)　IIRC（2014）2頁
(注78)　IIRC（2014）2頁
(注79)　「国際統合評議会（IIRC）テクニカル・ディレクターMichael Nugent氏に訊く」会計・監査ジャーナル　No719　Jun.2015でも同様の指摘がなされている。
(注80)　IIRC（2014）15頁

5　国際的枠組み間の共存と投資家の各枠組みの活用方法

　ここまで，非財務情報に関する国際的枠組みを概観してきた。各団体の活動の目的が異なることから企業報告の内容を決定する「重要性（Materiality）」が異なり，各枠組みで求められる報告書策定の原則・内容・範囲などが異なることが理解できた。

(1)　国際的枠組みの比較

　ロバート・エクレス氏は，このような状況を踏まえ，国際的な枠組みを一覧として比較している(注81)。本書のこれまでの観察と同じだが，報告書の読者（図表4-18の「想定されるユーザー」）がだれかということが重要性の定義に大きな影響を与えていることがわかる（なお，IIRCの読者の部分が空欄となっているが，同書では様々な捉え方ができるためとされているが，本書では中長期投資家向けと判断している）。

　一方，概観したように様々な企業報告の枠組みがあるため，利用者である投資家から企業調

図表4-18　国際的枠組みにおける重要性の違い

	規制主体 （例：SEC、IASB）	CDP	GRI	IIRC	SASB
作成機関	公開企業	企業、サプライチェーン、都市	企業、教育機関、非営利団体、都市、政府機関	企業	米国の主要企業
マテリアリティの定義の分析における主要な単位	エンティティ	エンティティ	エンティティ	エンティティ	セクター（業種）
報告境界	企業	企業	企業より広く捉えることが可能	企業より広く捉えることが可能	企業
想定されるユーザー	「合理的な投資家」	主要株主	株主を含む、主要なステークホルダー		「合理的な投資家」
規制適用	Yes	No	No	No	No
マテリアリティにおけるエンゲージメント	No	No	Yes	Yes	No

(出所) エクレス，クルス（2015）113頁から筆者加工・抜粋

査において様々な企業報告を見に行かなければならないという声，また，企業報告負荷が大きくなっているため，可能な部分は一体化して欲しいとの作成者の企業サイドの要望を受け，国際的枠組み間での意見交換も始まっている。次に，この動向について考察する。

(2) CRD：Corporate Reporting Dialogue

様々な枠組みの調和を目指すCRD（Corporate Reporting Dialogue）は，2014年に，各種の企業報告フレームワークや基準間の一貫性や比較可能性を確保して欲しいとの投資家等の利用者からの要望に応え設立された。国際統合報告委員会（IIRC）が主導する形で，CDP, Climate Disclosure Standard Board（CDSB），米国財務会計基準審議会（FASB），GRI，国際会計基準審議会（IASB），国際標準化機構（ISO），米国サステナビリティ会計基準審議会（SASB）など企業報告の分野で国際的に大きな影響力を持つ8つの団体が参加している。

① CRD設立の目的
CRDの設立の目的として以下の3つの事項が挙げられている。

(i) 企業報告のフレームワーク・基準・関連ルールの方向性，内容，開発に関する意見交換
(ii) 各フレームワーク，基準，関連ルールを調和・合理化させるための実践的な方法の識別
(iii) 情報共有やお互いの利害が一致するところでは意見を統一し，規制当局者へのエンゲー

第4章　非財務情報に関する企業報告の枠組みと課題

ジメントを行う-となっている。

このようにCRDが間に入る形で協議が定期的に行われているようであるが，その成果のひとつが，企業報告の枠組みの重要性に関する共通事項を示した「重要性に関する共通原則」である。

② 重要性（Materiality）に関する共通原則の概要[注82]
CRDは，参加している基準設定団体の基準を参照し，その基準から「重要性に関する共通原則」を策定し，公表している。内容は以下のとおりである。

重要性（Materiality）に関する共通原則

「重要性」は，ビジネス，金融，法律，そして規制当局の間で広く用いられる概念である。また，重要性に関し，多くの定義と計測方法が存在する。従って，重要性の活用方法は異なるものの，評価・分析に差異を生むことができるものということができる。

「重要性」は一般的な用語であり，法律用語でもあるが，ここで論じるのはCRDに参加している（8つの）団体の基準について共通する「重要性の原則」である。従って，規制当局の「重要性」はその厳格さにおいて異なる可能性がある。

概念
・重要性の定義の決定において，レポートの主要な読み手となるステークホルダーが必要とする情報に注目する。ステークホルダーは，当該企業の事業をよく理解し，情報を理解しようとする意欲のあるものとの前提をおく。

・重要な情報とは，発行体への評価に差異を生みうるもの。文脈により，重要性は異なる。（同じ情報でも，ある文脈では重要であるが，別の文脈では重要でない）

・企業報告作成にあたっては，詳細かつ膨大な情報を管理可能な状況にまで絞り込む必要がある。また，重要でない情報をレポートに含むときは重要な情報が不明確にならないようにする必要がある。

・企業報告や開示の基準設定において，その団体の主要な読み手となるステークホルダーにとって重要でない場合は，他のステークホルダーの要求は採用されない場合がある。

第Ⅱ部　非財務情報とESG情報の実効的な開示

<u>活用</u>

- 重要か否かの判断は定性的なものであり，従って，「判断」は必要不可欠である。定量的な重要性の基準もこの重要性決定のプロセスにあるが，一般的には決定的ではない。もし，規制当局の重要性の定義が，CRD参加の各団体の基準より厳しい場合は規制当局の重要性の定義が優先される。

- 情報の重要性の決定において，究極的には経営者が重要な責任を持つ。しかし，この重要性の評価は，ステークホルダーの観点から行われ，経営者の観点から行わない。報告時点でのステークホルダーの期待に対する経営者の最善の解釈が反映されるべきである。

- 企業報告は複数年度にわたる比較可能な情報が含まれるが，重要性が低下すれば，同じレベルの詳細な情報を掲載する必要はない。

（出所）CRD（2016）筆者の方で翻訳，一部，編集を行っている

③　CRDの今後の展開を考える

　すでに議論してきたように，企業報告の枠組み毎に，その企業報告の目的や読み手（Audience）が異なるため，全くひとつの報告形態に統合するということは非現実的であろう。
　ただし，各団体が，お互いの活動の目的や企業報告の指針を理解し，自らの文脈でその内容を取り入れることや，投資家が企業報告毎の枠組みの相違点を明確に理解することができる仕組みが提供されるなど，プロジェクトの成果として様々な可能性が予想される。今後のプロジェクトの動向に期待したい。

(3)　投資家の観点からみた企業報告の枠組みの活用方法

　これまで議論したように，国際的な枠組み毎に報告内容は異なる。従って，投資家には，企業との対話の課題（アジェンダ）や企業調査の目的に応じ，各々の枠組みの特徴を抑えた上で上手く活用する姿勢が求められよう。
　企業価値創造プロセスの全体を概観するには，中長期投資家への情報提供を主な目的とするIIRCの国際統合フレームワークが最も親和性が高い。しかし，全体感は理解できても，各論となったときにはこのフレームワークの記載事項だけでは不十分なときがある。例えば，環境・社会的な側面で詳細な定量データなどで補足したいときは，GRIのGRIスタンダードに準拠したCSR報告書（サステナビリティ報告書）は有用な情報源となろう。環境面での詳細な取組みを知りたいときにはCDPレポートが有用になる。また，ある企業との対話の中で適切なKPI

第4章　非財務情報に関する企業報告の枠組みと課題

の開示を求めるときなどはSASB基準が参考になろう。

このような異なった目的と開示内容を持つ報告書をうまく活用することが投資家には求められると考えている。

　大和ハウスの例でみる投資家の国際的な枠組みの活用手法

大和ハウス工業株式会社（以下，大和ハウス）は，2017年から統合報告書を作成しているがその報告内容のレベルは高い。また，以前から高い品質のCSR報告書も作成しているため，ここでは，当社の統合報告書とCSR報告書を用い，投資家の国際的枠組みの活用手法について説明したい。

大和ハウスは企業理念ともなっている創業者の「世の中に役にたつからやる」との思いをビ

図表4-19　大和ハウス工業にみる統合報告書とCSR報告書の関係

（出所）大和ハウス工業株式会社，筆者加工

ジネスモデルに落とし込み，社会ニーズにあった事業展開を行い，企業価値創造に成功している企業である。現状，住宅建設だけではなく，人・街・暮らしの価値共創グループとして，事業施設や商業施設などの建設も行っている。

　当社の統合報告書では，企業価値創造プロセスが開示されているが，この持続的な企業価値向上を維持するため，図表4-19にあるように，事業を通じた社会的貢献・株主価値創造・エンドレスハートの価値向上・経営体制の4つの事項を重点項目として挙げている。特に，エンドレスハートの価値向上には人財基盤の確立が含まれており，企業理念の継承を重視する当社にとってはとりわけ重要な項目となる。

　一方，中長期投資家は，大和ハウスがこれまでの好調な事業運営を今後も持続するか否かを予想するためには，当社の企業理念経営が今後とも持続可能かどうかを見極める必要があるが，その確認の中心となるのが人財基盤への取組みとなる。そして，この人財に関するデータなどが詳細に掲載されているのが（図表の矢印下の）CSR報告書となるのである。当社の場合も，CSR報告書には健康や安全，人財の育成に関する定量データが数多く掲載されており，中長期投資家は，企業理念経営維持に向けた当社の具体的な取組み状況や進捗状況を理解できることとなる。

　実は，当社の場合，CSR報告書の定量データが一部，統合報告書に転記されており，統合報告書のメッセージへの共感を高める工夫がなされている。しかし，残念ながら，多くの日本企業の統合報告書において，経営者が人財育成を重視すると述べているにもかかわらず，それに関する定量的な説明や具体的な説明がない場合が多い。このように統合報告書から企業価値創造プロセスを理解するにあたり，CSR報告書の活用が有用となるのである。

（注81）　エクレス，クルス（2015）113頁
（注82）　CRD（2016）

6　国際的枠組みに重要な影響を与える要因：TCFD・SDGs

　企業報告の国際的枠組みについて議論をしてきたが，今後，この枠組みに大きな影響を及ぼすと予想される，TCFDとSDGsを取り上げる。各々，G20，国連という政府組織が加盟する団体が主導している取組みであり，この取組みは社会や企業行動を変革し，企業報告自体も大きく変える可能性がある。

(1)　TCFD

　TCFDは，Task Force on Climate-related Financial Disclosures（気候関連財務情報開示タスクフォース）の略であり，気候関連変動に関する情報開示についての枠組みである。

第4章　非財務情報に関する企業報告の枠組みと課題

図表4-20　TCFD最終報告書

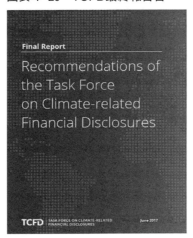

（出所）TCFD（2017a）

① タスクフォースの設立の経緯

2015年4月に，G20財務大臣・中央銀行総裁会議が，G20首脳会議の下に設けられた金融安定理事会（FSB）に対し出した検討課題である「気候関連課題について金融セクターがどの様に考慮していくべきか，官民の関係者を招集することを要請する」にもとづき，2015年12月にタスクフォースは設立された。

気候変動要因に関する適切な投資判断を促すための一貫性，比較可能性，信頼性，明確性をもつ，効率的なディスクロージャーを促す任意的な提言を策定することを目指し，2016年12月に最終報告書案が出され，コメント募集を経て，最終報告書（Recommendations of the Task Force on Climate-related Financial Disclosures）(注83)として2017年7月にドイツで開催されたG20首脳会議に提出された。

TCFD設立の背景には，2015年12月の「パリ協定」(注84)など様々な気候変動に対するルールが整えられる中，気候変動の影響（リスク・機会）が十分に市場に認識されておらず，資本市場の歪みに繋がっているのではないか，との懸念がある。例えば，現状，石炭，石油などの化石燃料は重要なエネルギー源と考えられており，価値のある資産だが，気候変動枠組み次第では，その資産価値が大きく下落，保有する企業は資産価値の減損処理を強いられ，投資家の保有株式の価値に大きな影響を与える可能性もある(注85)。

② 報告書の構成

報告書では，気候変動に関する機会とリスクについての考え方を示した後，推奨される情報開示の事項とその各々の推奨事項を満たす項目としてのガイダンスを示している。また，別冊として，金融セクターや温暖化ガス排出量が多いセクターにおいて開示が必要となる事

113

第Ⅱ部　非財務情報とESG情報の実効的な開示

図表4-21　TCFDにおける環境リスクと機会の報告

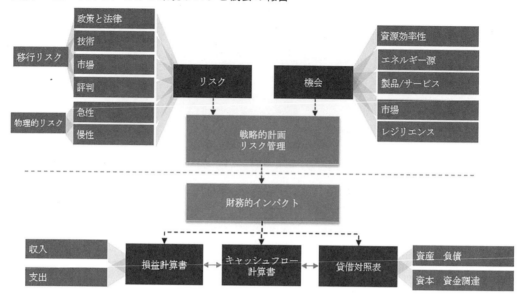

（出所）TCFDに関する金融庁での講演会資料（講演者長村氏），2017年8月7日

項（注86），及び，TCFDでもひとつの焦点となるリスクシナリオ分析に関する資料（注87）を策定している。

＜気候変動に関する機会とリスクへの考え方＞

　報告書では，年次報告書の作成の中で，ビジネス活動に最も関連性の高い気候関連のリスク及び機会を評価し開示することを目的とし，図表4-21（左上方）のように，気候関連のリスクとして，移行リスク（Transition Risks）と物理的リスク（Physical Risks）を挙げる。移行リスクには，政策等によるリスク・技術リスク（技術進歩による競争力の変化）・評判のリスクなど，物理的リスクには，異常気象などの急性リスク，海面上昇などの持続的な影響を示す慢性リスクを挙げている。また，リスクだけでなく，気候関連の機会もあるとし，資源効率化，製品やサービスなどの開発などを挙げている（図表の右上方）。

　そして，企業が，この気候関連のリスクと機会の「財務的インパクト（損益計算書，キャッシュフロー計算書などの財務諸表）」を戦略的計画やリスク管理（Strategic Planning Risk Management）などを通じ，把握し，開示することを目指す。

＜推奨される開示とガイダンス：パリ協定に基づくリスクシナリオの策定＞

　気候関連のリスクと機会に関する開示では，図表4-22にあるように，「ガバナンス」「戦略」「リスク管理」「指標と目標」の4つの観点で推奨される情報開示を行うこととされている。この4つの観点は，これまで議論したCDPをはじめ，多くのフレームワークで議論してきた観

図表4-22　TCFDにおける環境リスクと機会の報告

ガバナンス (Governance)	戦略 (Strategy)	リスク管理 (Risk Management)	指標と目標 (Metrics and Targets)
気候関連のリスクと機会に係る当該組織のガバナンスを開示する。	気候関連のリスクと機会がもたらす当該組織の事業、戦略、財務計画への現在及び潜在的な影響を開示する。	気候関連リスクについて、当該組織がどのように識別、評価、及び管理しているかについて開示する。	気候関連のリスクと機会を評価及び管理する際に用いる指標と目標について開示する。
推奨される開示内容	推奨される開示内容	推奨される開示内容	推奨される開示内容
a) 気候関連のリスクと機会についての、当該組織取締役会による監視体制を説明する。	a) 当該組織が識別した、短期・中期・長期の気候関連のリスクと機会を説明する。	a) 当該組織が気候関連リスクを識別及び評価するプロセスを説明する。	a) 当該組織が、自らの戦略とリスク管理プロセスに即して、気候関連のリスクと機会を評価するために用いる指標を開示する。
b) 気候関連のリスクと機会を評価・管理する上での経営の役割を説明する。	b) 気候関連のリスクと機会が当該組織のビジネス、戦略及び財務計画（ファイナンシャルプランニング）に及ぼす影響を説明する。	b) 当該組織が気候関連リスクを管理するプロセスを説明する。	b) Scope 1、Scope 2及び、当該組織に当てはまる場合はScope 3の温室効果ガス（GHG）排出量と関連リスクについて説明する。
	c) 2℃或いはそれを下回る将来の異なる気候シナリオを考慮し、当該組織の戦略のレジリエンスを説明する。	c) 当該組織が気候関連リスクを識別・評価及び管理のプロセスが、当該組織の総合的リスク管理にどのように統合されているかについて説明する。	c) 当該組織が気候関連リスクと機会を管理するために用いる目標、及び目標に対する実績を開示する。

（出所）TCFDに関する金融庁での講演会資料（講演者長村氏），2017年8月7日

点であり、特に目新しさはない。

　今回のTCFDの最終報告で、特に注目されるのは、意見募集の中で、投資家からの強い意見もあり、改訂された「戦略」のc）リスクシナリオの策定である。意見募集前までは、「ビジネス、戦略及び財務計画に対する2℃シナリオなどの様々なシナリオ下の影響を説明する」という表現であったが、今回の改定案では、「2℃あるいはそれを下回る将来の異なる気候シナリオを考慮し、当該組織のレジリエンス（回復力）を説明する」とされており、気候変動から受ける影響だけを報告するのではなく、この影響に対し、組織としてどう対応するのかを説明すること求められている（但し、多くのシナリオがあるため、標準的なシナリオの特定は行っていない）。

　シナリオ分析はTCFD報告書の大きな柱となっており、シナリオ分析の手法については報告書の中でも多くのページが割かれている。また、前述したように別冊の説明書も作成されている。

＜他の報告形態への影響＞

　タスクフォースは、当該国の法的な情報開示の枠組みの範囲内ではあるが、「ガバナンス」と「リスク管理について」の項目については、年次報告書（mainstream annual financial filings）で気候関連情報が開示されることを推奨している。また、法的な開示と適合しない場合でも、年1回以上発行される他の公式開示書類（サステナビリティ報告書やアニュアルレポート）で開

示されることが望ましいとしている。

このようにTCFDはプリンシプルベースであり，各国・各企業の自主性を重んじる形となっているが，前述したように，CDPは，企業への質問事項にTCFDのリスクシナリオを含めることを公表しているほか，IIRCやGRIも歓迎の声明を発表しており，今後，TCFDの報告書の成果が国際的枠組みに影響を及ぼすことが予想される。

③　投資家から見たTCFDの意義

TCFDの考え方は，気候変動に関わるリスクと機会を企業戦略にまで落とし込むという点で，中長期投資家の思考方法と整合的である。また，本章の米SECの非財務情報の開示の改革のところでも議論したように，米国での気候変動リスクの非財務情報への反映の考え方とも近い。

しかし，TCFDの考え方は，これまでの非財務情報の報告に関する議論の延長であったとしても，気候変動要因に関わる機会とリスク，将来の財務諸表への影響を明確化したガイダンスとして発行された意義は大きい。今後，企業は，これまで議論した「ルールベースの枠組み」に基づいた報告書や「国際的枠組み」に基づいた報告書の中，気候変動関連に伴う機会とリスクを開示することが容易になるものと考えている。

当報告書の中でも，筆者が特に注目しているのが「リスクシナリオ」の提示である。これは，単にパリ協定に示される「2℃あるいはそれ以下」での状況の影響を示すというものでなく，当該組織の戦略のレジリエンスを示すものでもある。従って，シナリオの中には，経営者の将来の気候変動の影響への認識やそれに対する戦略や対応についても開示されることとなるため，企業との気候変動に関連する対話やエンゲージメントの場面でも，より具体的にその影響を議論できることになるものと考えている。

(2) SDGs

SDGsは，S̲ustainable D̲evelopment G̲oals̲（持続可能な開発目標）の略である。2015年9月にニューヨーク国連本部において「国連持続可能な開発サミット」が開催され，「持続可能な開発のための2030アジェンダ（2030アジェンダ）」が全会一致で採択された。

SDGsは，2001年に策定された主に発展途上国に焦点をあてたMDGs（M̲illennium D̲evelopment G̲oals̲：ミレニアム開発目標）の後継とされており，発展途上国だけではなく，先進国も含めた全ての国を対象に，MDGsの残された課題の解決を目指す。日本でも，2016年5月に，総理大臣を本部長，全閣僚を構成員とするSDGs推進本部が設置され，第1回会合において「SDGs実施指針」の策定に向けた総理大臣の指示が出された[注88]。

①　SDGsとは

「2030アジェンダ」は「誰一人取り残さない－No one will be left behind」を理念として，

第4章　非財務情報に関する企業報告の枠組みと課題

図表4-23　SDGsの17の目標

（出所）外務省（2017）

国際社会が2016年から取り組み，図表4-23のとおり，2030年までに達成する17の目標（ゴール）と169のターゲットから構成されている。

例えば，最初の目標である「1．貧困をなくそう（あらゆる場所のあらゆる形態の貧困を終わらせる）」では，「2030年までに，現在1日1.25ドル未満で生活する人々と定義されている極度の貧困をあらゆる場所で終わらせる」「2030年までに，各国定義によるあらゆる次元の貧困状態にある，すべての年齢の男性，女性，子どもの割合を半減させる」「各国において最低限の基準を含む適切な社会保護制度及び対策を実施し，2030年までに貧困層及び脆弱層に対し十分な保護を達成する」などの具体的なターゲットが設定されている。

② SDGsと企業報告の関係

このようにSDGsは企業報告ではなく，持続可能な開発のための行動の在り方とそのターゲットを示したものであるが，国連加盟国の政府が推進している動きであり，気候変動関連のパリ協定と同様，企業行動の変化とともに，非財務情報に関する企業報告にも大きな影響を及ぼすことが予想される。

例えば，国際統合報告のIIRC（注89）は，図表4-24のように，価値創造プロセスの概念図の中，SDGsが示す17の目標と6つの資本の関係との考え方を示している。また，他の国際的枠組みでも同様の試みがある。

117

第Ⅱ部　非財務情報とESG情報の実効的な開示

図表4-24　国際統合フレームワークとSDGsの目標

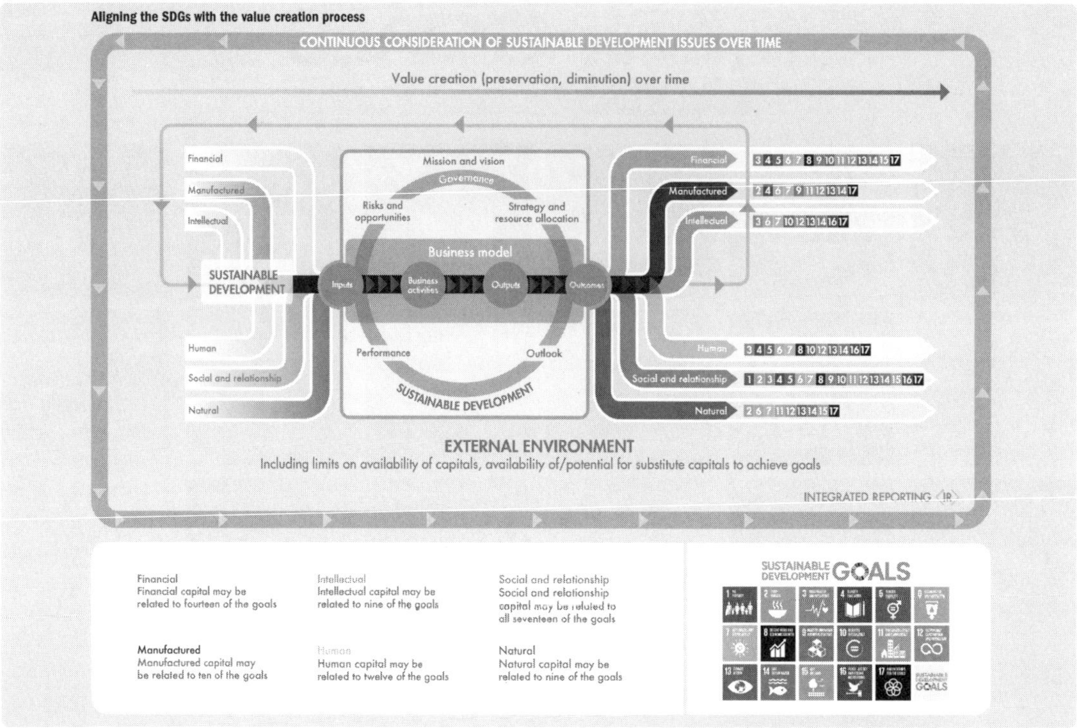

(出所) IIRC (2017)

③　投資家から見たSDGsの意義

　前述したように，SDGsは，国連加盟国の政府が推進している動きであり，ビジネスの在り方や社会の意識も変える可能性がある。この意味で，気候変動関連のパリ協定と同様，投資家にとっても注視すべき活動であると考える。

　実際，欧州のCSR（企業の社会責任）の推進団体であるCSR Europeとリサーチ会社である"Frost & Sullivan"が発行した報告書[注90]では，SDGsに的確に対応することが欧州企業の今後の競争力の鍵になるとし，その経済効果の試算と欧州企業経営者への意識調査が盛り込まれている。

　当報告書の特に興味深い点は，SDGsがコンプライアンス的な事象ではなく，将来的なビジネスの機会ととらえていることである。図表4-25の欧州の経営者の意識調査でも，大きくビジネス環境の変化ととらえ，これに対して経営戦略を整えることが重要とされている。

　投資家の視点である企業価値向上プロセスの観点からすると，SDGsに掲げられる17の全ての目標が投資先企業に重要であるとは考えられないため，どのように目標を選択したかということ，選択した目標達成に向け，どのように態勢を整え，企業行動を変えるかが，重要なポイントとなるものと考える。

図表 4-25　企業経営者にとってのSDGs

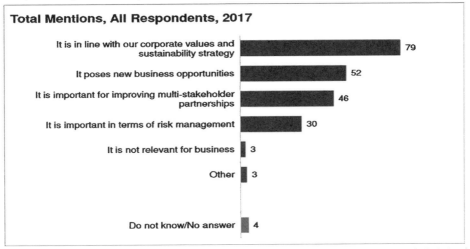

（出所）CSR Europe, Frost & Sullivan（2017）

＜SDG Compass（SDGsの企業行動指針）＞

　この意味で，持続可能性を企業の戦略の中心に据えるためのツールと知識を提供する目的で策定されたSDG Compass（SDGsの企業行動指針）[注91]には投資家としても共感を覚えるところが多い。

　SDG Compassでは，実効的にSDGsの目標を達成するため，ステップ1のSDGsへの理解に始まり，ステップ2での各社に適合した優先課題の選択プロセス，ステップ3の目標設定とともに，その進捗度を示す適切なKPIの設定，そして，これを報酬体系などで経営へ統合するステップ4，そして開示の5つのステップで構成されている。

ステップ1：SDGsを理解する
ステップ2：優先課題を選択する
ステップ3：目標を設定する
ステップ4：経営へ統合する
ステップ5：報告とコミュニケーションを行う

　SDGsに賛同する企業がこのようなステップのとおり，開示すれば，投資家にとっては，企業の行動変化が可視化されることになるとともに，その企業行動への変化に確信度が生まれるものと考える。

第Ⅱ部　非財務情報とESG情報の実効的な開示

(注83)　TCFD（2017a）
(注84)　世界共通の長期目標として，産業革命前からの平均気温上昇を2℃未満に抑える（さらに1.5℃に抑える努力をする）目標を設定し，今世紀後半には，温室効果ガスの排出を実質ゼロにすることが打ち出された。
(注85)　座礁資産問題（Stranded Assets）と呼ばれることもある。
(注86)　TCFD（2017b）
(注87)　TCFD（2017c）
(注88)　外務省（2017）
(注89)　IIRC（2017）
(注90)　CSR Europe,Frost & Sullivan（2017）
(注91)　GRI・Global Compact・WBCSD（2017）

7　ま　と　め

　本章では，非財務情報に関する企業報告の枠組みを整理するとともにその課題について投資家の観点から考察した。

　企業報告の枠組みには，各国のルールで規定される「ルールベースの枠組み」とステークホルダーの要望に対応する「国際的枠組み」があるが，投資家の行動変化を映じ，両方の枠組みにおいて変化が見られる。ルールベースの枠組みでは，米国でも改革の動きはあるが，欧州はより積極的で，グローバルのリーダーとなるべく，戦略的に非財務情報開示の政策を牽引している。特に，2014年に施行された非財務情報開示に関するEU指令の動向には注目している。

　「国際的枠組み」についても主要な企業報告団体を取り上げ，投資家の観点で整理した。各々の企業報告団体の目的により企業報告の原則・重要性が異なり，求める報告内容も異なることが理解できた。一方，CRDのように企業報告団体同志が意見交換をする機会を提供する動きもある。投資家は，その投資・調査の目的に応じ，国際的な枠組みを使い分ける技量が求められよう。

　最後に，政府や政府が参加する国際団体が主導するTCFDやSDGsは，今後，企業行動の変化を通じ，確実に企業報告の枠組みに影響を与えるものと考える。

第5章　中長期投資家にとっての有用な非財務情報の実効的な開示

1　はじめに

グローバルの長期志向の潮流とスチュワードシップ・コード活動の定着の動きにより、投資家の行動が中長期指向化し、非財務情報の有用性、特にESG情報の有用性が高まっていることを議論してきた。本章では、中長期投資家にとっての有用な非財務情報の実効的な開示について、グローバルのベストプラクティスも引用しながら考察したい。

2　非財務情報提供における新たな課題とESG情報の重要性の高まり

すでに議論したように、日本では、有価証券報告書、コーポレートガバナンス報告書、サステナビリティ（CSR）報告書、（任意の）アニュアルレポートなど、多くの媒体を通じ、投資に有用な非財務情報が提供されてきた。ここでは、非財務情報の提供において大きな役割を果たしてきた（任意の）アニュアルレポートを通じ、日本の非財務情報提供の課題と今後の変革の方向性について考えたい。

(1)　アニュアルレポートにみる日本の非財務情報提供の新たな課題

筆者は、2007年から10年間、日本企業のアニュアルレポートのベストプラクティスを選出する日経アニュアルリポートアウォードの最終審査委員を務め、日本のアニュアルレポートの発展を見てきたが、この経験に基づき、日本のアニュアルレポートの進化を振り返るとともに今後の課題について考える。

10年ほど前までは、アニュアルレポートは海外投資家向けの情報提供媒体と位置付けられ、日本語で書かれたアニュアルレポートさえも乏しい状況であったと筆者は記憶している。実際、海外投資家は、日本企業への投資にあたって、まず、投資候補先企業のホームページから英語版のアニュアルレポートをダウンロードし、企業の概要を把握した上で詳細な企業調査に入る

という投資行動をとるのに対し、国内投資家のアニュアルレポートへの関心は低く、企業担当者の方からも「日本語でアニュアルレポートを作成しても誰が読むのか」といった厳しい質問を受ける状況であった。

しかし、その後、日本語版のアニュアルレポートの発行企業の増加に加え、中期経営計画・経営戦略・ビジネスモデルの説明の充実、これらの項目を繋げたストーリー性の確保など、日本におけるアニュアルレポートは質的側面において進化を続けてきた。

非財務情報提供における新たな課題

このような中、2013年以降に生じた2つの事象により、日本のアニュアルレポートを取り巻く環境が大きく変化することとなった。ひとつは、2013年にIIRCから「国際統合報告フレームワーク」が発行されたことである。これ以降、より非財務情報（ESG情報を含む）を重視したアニュアルレポートが見られるようになった。もうひとつが、2つのコードの導入である。2014年に日本版スチュワードシップ・コード、2015年にコーポレートガバナンス・コードが導入され、機関投資家の投資行動が中長期志向化し、非財務情報をより有用な投資判断の材料とするようになった。この結果、アニュアルレポートなど非財務情報を提供する媒体がより積極的に活用されるようになったのである。

このように投資家がアニュアルレポートなど非財務情報を提供する媒体を積極的に活用するようになる中、アニュアルレポートは、投資家の中長期視点の企業分析や投資家との対話に資

図表5-1　日経アニュアルリポート審査を通じたアニュアルリポートの進化

```
                    国際統合報告
                    フレームワーク発行
                         ↓
   2005年頃         2013年頃         今後
   ━━━━━→        ━━━━━→        ━━━→    ┌─────────┐
                                              │企業価値の向上が│
                                              │持続することを伝│
                                              │えるレポート   │
                                              └─────────┘
   ・日本版作成       ・統合報告化
   ・ストーリー性     ・投資家との対話ツール
   ・「特集」などの活用      ↑           ↑
   ・美しいレポート   スチュワードシップ・  コーポレート
                     コード（2014）    ガバナンス・コード
                                         （2015）
```

（出所）筆者作成

図表5-2　Business model reporting

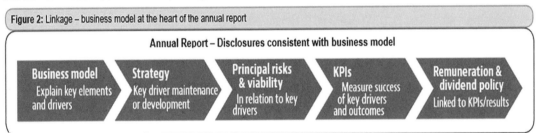

（出所）FRC（2016b）

する情報の提供が求められるという新しい課題に直面することとなった。事業内容の描写や経営計画の説明だけではなく，企業価値向上のプロセスを投資家に示すとともに，その企業価値向上が持続することを投資家に実感させる報告が求められることになるのである。

(2) 非財務情報開示のフレームワークとESG要因の組込み

　非財務情報の開示においては，企業価値向上のプロセスを投資家に示すとともに，その企業価値向上が持続することを投資家に実感させる報告が求められることとなるが，この点において，グローバル投資家が求める非財務情報の開示手法を示しているひとつの例が，第3章でもとりあげた英国FRC（Financial Reporting Council）が2016年11月に公表した"Business model reporting"である。その策定過程において投資家の意見聴取が重視されたことから，英国を中心とするグローバル投資家の望む非財務情報の開示についての考え方が色濃く反映されている（図表5-2参照）。

①　日本における非財務情報開示のフレームワークの議論

　筆者も参画したが，日本でも，このFRCの"Business model reporting"も参考としつつ，年金基金・資産運用会社・企業の財務担当役員などインベストメントチェーン（投資連鎖）の主要な参加者が集まり，2017年6月に，望ましい非財務情報の開示についてのガイダンス（「価値共創ガイダンス」）(注92)の策定が行われた。日本企業の特性にも配慮し，最初に「価値観」が入れられているが，その後は，"Business model reporting"と同様に「ビジネスモデル→戦略→KPI→ガバナンス」の順に開示項目が並んでおり，日本の投資家もグローバル投資家と同様の非財務情報の開示手法を求めていることが確認できる。

②　高まるESGの戦略への組込みと開示の重要性

　この「価値共創ガイダンス」のひとつの特徴は，ESG要因への配慮が2つの箇所において明示的に組み込まれているところである。ひとつが，図表5-3の「戦略」の前にある「持続可

第Ⅱ部　非財務情報とESG情報の実効的な開示

図表5-3　価値共創ガイダンス

（出所）経済産業省「持続的成長に向けた長期投資（ESG・無形資産投資）研究会」

能性・成長性」のところである。ビジネスモデルに存在するE（環境）とS（社会）の要因を含む「持続可能性・成長性」に関する機会とリスクについて考慮し，開示することとなっている。もうひとつは，「戦略」の中の「4.3：ESG・グローバルな社会課題（SDGs等）の戦略への組込」である。ビジネスモデルに存在するE（環境）とS（社会）の要因に関する機会とリスクの活用方法について開示するというものである。

ただし，日本だけではなく，英国でも，ESG要因を経営戦略の開示の中により多く組み込むよう年次報告書（戦略報告書部分）のガイダンスの変更[注93]が行われている。これは，本書でもすでに議論したように企業の中長期的な収益に大きな影響を与え，持続性についての情報を伝えるE・S・Gの要因は，非財務情報の開示における必須の項目と考えられているからである。

(注92)　経済産業省（2017）
(注93)　FRC（2017）"(Draft) Guidance on the Strategic Report,7.2"では，ステークホルダーへの配慮をも含む取締役の義務を示した会社法172条も考慮に入れた記載が求められている。

3　持続的な企業価値向上に資する企業行動と情報開示

英国のFRCが策定した"Business model reporting"と日本で策定された「価値共創ガイダンス」を概観した。両フレームワークとも，投資家が望む企業価値創造プロセスに関する「開示フレームワーク」であるが，実は，投資家が望む「企業行動の指針」でもある。投資家は，企業が，フレームワークに示された行動をとれば持続的に企業価値が創造されるものと考えているのである。そして，これに沿った企業行動がとられているか否かを確認するため，フレームワークにあるような開示を望んでいるともいえる。

筆者も価値共創ガイダンスの策定に参加したということもあり，このフレームワークには賛同しているが，実効的な開示を行うには，フレームワークに加え，その開示項目の内容の充実や具体的な開示方法も課題になると考えている。

(1) 実効的な非財務情報の開示と投資家の読み解き

両フレームワークと基本的な考え方は同じだが，中長期投資家から見て望ましい企業行動と開示を筆者流にアレンジすると，図表5-4のようになる。

① 望ましい企業行動と開示

図表5-4を説明すると，四角の中の左から，まず，経営者は企業文化（行動規範）に大きな影響を与える「企業理念」に沿った形で，中長期的な企業収益を獲得する手段である「ビジネスモデル（事業）」を選択する。次の「経営戦略」では，経営環境等を考慮に入れながらビジネスモデル上での重要な箇所への経営資源の投入あるいは撤退，時にはビジネスモデル自体の変更の計画を策定し，執行することとなる。

＜ESG要因の組込み＞

「企業理念」に「E・S要因との整合性」と書いているが，これは，すでに多くの企業において長期的な行動指針である経営理念には，社会との共存の必要からE（環境）・S（社会）の要因が組み込まれていることを示している。また，「ビジネスモデル」と「経営戦略」に「E・S要因の統合」と記述しているが，企業理念に沿った形で選択されたビジネスモデルが選択されるとすると，自然な形で，ビジネスモデルにはE・S要因が組み込まれたものとなることを示している。また，経営戦略の策定においても，このビジネスモデルに織り込まれたE・S要因に関する機会とリスクをいかに活用し，企業価値創造の持続性を担保するかが，重要なポイントとなる。

第Ⅱ部　非財務情報とESG情報の実効的な開示

図表5-4　望ましい企業行動と開示

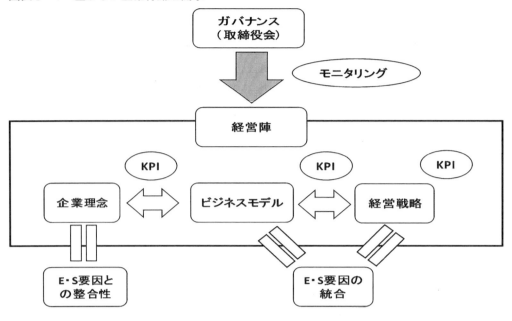

(出所) 筆者作成

＜KPIの活用＞
「企業理念－ビジネスモデル」と「ビジネスモデル－経営戦略」の間，「経営戦略」の後にKPIを表記しているが，これは，経営陣は「企業理念」の「ビジネスモデル」への浸透度合い，「経営戦略」の諸施策の進捗状況や結果について確認し，その妥当性を判断するためKPIの設定を行う必要があるからである。

＜ガバナンスの役割＞
図表の一番上にある「ガバナンス」は取締役会のことを指すが，客観的な視点を持った社外取締役も含む取締役会は，経営陣の行動と経営戦略の進捗状況などのモニタリングを行い，時に，経営陣に対し，計画等の修正を要請することがある。このことは，経営戦略の透明性と妥当性を高めることに寄与すると考えている。

このような，企業理念と適合したビジネスモデル・経営戦略が選択され，それをガバナンス組織である取締役会が客観的な視点でモニタリングを行う企業行動の実践とその開示は，現状の好調な企業価値創造プロセスの透明性の確保と説明力の向上を図るとともに，このプロセスが将来においても持続することを投資家に示すことになる。

② ESG評価を通じた投資家の読み解き
以上のプロセスが含まれた（非財務情報の）開示情報を，第3章で議論したように，投資家

図表5-5　非財務情報のESG評価による読み解き

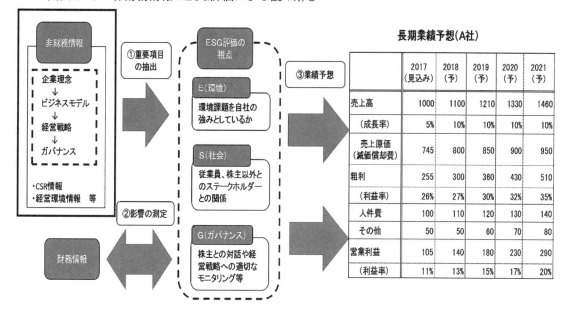

(出所) 筆者作成

はESG評価を通じ，読み解き，中長期業績予想の策定を行うこととなる。企業から提供された非財務情報を投資家がESG評価を使い，如何に投資判断につなげているかを見るため，（再論となるが）投資家のESG評価を核とした中長期業績予想の策定プロセスについて確認する。中長期投資家は，提供された非財務情報を，以下のa），b）のステップで読み解き・解釈し，長期業績予想を作成，そして投資判断を行うこととなる。

a）非財務情報として提供される，企業理念・ビジネスモデル・経営戦略・ガバナンス・経営環境等の非財務情報の中からE（環境），S（社会），G（ガバナンス）の視点で将来の企業業績動向に重要な影響を与えると判断される事項を抽出する。＜①重要事項の抽出＞

b）（過去の）財務情報を活用し，抽出された事項の業績への影響度を確認する。この影響度をベースとし，今後予想される事業環境等を織り込み，将来の業績予想を行う。＜②影響の測定，③業績予想＞

③　投資家の統合的な解釈と統合的な報告

このように，アナリストは企業から提供される非財務情報をESGという視点で分析を行い，非財務情報の読み解き，解釈を行うことになるが，その解釈を，最終的には中長期業績予想に落とし込むこととなるため，E・S・G要因を個別に評価するのではなく，企業価値創造という軸で非財務情報及びESGに関する情報を統合的に解釈することとなる。従って，投資家にとっ

図表5-6　グローバル投資家が重視する統合報告

原則6．長期的な価値創造と環境，社会，ガバナンス（ESG）要因の統合
6.4　ESGの統合
　投資家は，スチュワードシップへのアプローチの一環として，ESGに関連するリスクと機会の分析・モニタリング・評価・統合の手法の導入について検討すべきである。特に，モニタリング，議決権行使，エンゲージメントの実践においてESGの統合が重要となる。

6.5　統合報告
　投資家は，ESGとその他の質的な要因を企業戦略やオペレーション，最終的には長期的価値創造に明確に結びつけられるよう<u>統合された報告（Integrated reporting）を企業に奨励すべきである</u>。企業のESG開示が不十分なため，投資家が企業のサステナビリティ関連のリスクに関し適切な理解を得られない場合，<u>投資家はより充実したESGに関する報告を企業に対し奨励すべきである。</u>

（出所）ICGN（2016）

ては，非財務情報が個々に提供されるのではなく，統合的に提供される手法が望ましい。このように企業価値創造プロセスについて統合的に報告されることを「統合的な報告：Integrated reporting」というが，グローバルの中長期投資家も統合的な報告を重視している。

　本書でも，たびたび引用しているグローバルの機関投資家団体であるICGNが発行しているグローバル・スチュワードシップ原則の原則6の「6.4 ESGの統合」では，的確なスチュワードシップ活動の実践のためには，投資家はESG要因を投資活動とスチュワードシップ活動のプロセスに入れるべきである，としている。また，「6.5　統合報告」では，投資家は企業に対して，ESGを組み込んだ統合報告の開示を奨励し，ESGを組み込んだ投資及びスチュワードシップ活動をより効果的にするよう努めることの重要性が述べられている。

(2)　企業行動の変化を生み出す開示

　以上のような考え方を基礎としつつも，現実には企業の置かれた状況は異なるため，具体的な開示内容も企業毎に異なることとなる。ただし，筆者が長年，非財務情報に関する企業の開示を見ている中で，中長期投資家の判断に資する実効的な開示を行うにあたって，すべての企業に共通して適用しうる重要な事項（あるいは課題）もあると考えている。この実効的な開示を行うにあたっての重要な事項をベストプラクティスも交え，考察したい。

　取り上げたい項目は，①情報の結合（統合的な報告），②KPIの有効な活用，③実効的なコーポレートガバナンスの開示，④企業行動の変革を生み出す開示－の4点となる。

①　情報の結合（統合的な報告）

　さきほど紹介した，英国のFRCの"Business model reporting"に関する報告書には，多

第5章　中長期投資家にとっての有用な非財務情報の実効的な開示

くの投資家から優れた企業報告の要素として，各項目の内容の充実とともに，項目間の"Linkage"が指摘された，と書かれている[注94]。これは，何度も触れるように，アナリストは企業から提供される非財務情報を解釈し，最終的には長期業績予想に落とし込むこととなるため，各情報を個別に評価するのではなく，企業価値創造という軸で情報を統合的に解釈する必要があるからである。企業価値創造を軸にした非財務情報の「情報の結合」は重要であり，国際統合フレームワークにおいても特に強調される特徴的な事項となっている。

図表5-4でいうと，「情報の結合」が必要とされるのは，「企業理念－ビジネスモデル」，「ビジネスモデル－経営戦略」，「KPI－各項目（経営戦略など）」，「ガバナンス－経営陣（の諸施策）」の情報の結合となる。

例えば，「企業理念－ビジネスモデル」の情報の結合では，「ビジネスモデル」が企業の中長期的な企業行動の指針である「企業理念」と適合していることが示されることとなるが，このことは当該企業でこのビジネスモデルが安定的に運用されることを示すことにもなる。

＜マークス＆スペンサー社＞

情報の結合の好事例として，英国の小売大手であるマークス＆スペンサー社（MARKS AND SPENCER）を取り上げる。当社は「Making every Moment Special（（顧客の）全ての瞬間を特別なものに）」という企業理念を掲げている。この理念を実現するためには，顧客の声を聴くことのできる社員や社会的な観点にも配慮した事業経営・商品販売が必要であるとし，社会との共存を目指す「PLAN A（プランA）」活動を実践している。「PLAN A」活動では，当社が貢献可能な社会的課題の解決を目的として，食料・商品の安全性の確保の他，サプライ

図表5-7　マークス＆スペンサー社にみる情報の結合

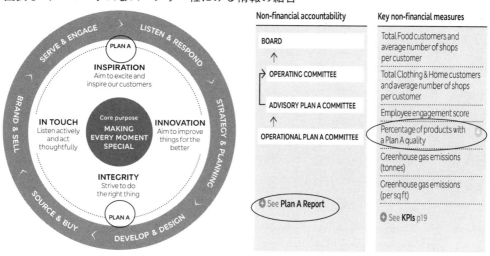

（出所）MARKS AND SPENCER "ANNUAL REPORT AND FINANCIAL STATEMENTS 2017"

チェーン，人権などに100個のテーマとターゲットを設定している。また，毎年，その取組みや進捗状況について報告書(注95)を作成，公表している。

図表 5-7 は，アニュアルレポートに掲載されている当社のビジネスモデルである。ビジネスモデルの内円に「PLAN A」が表記されており，この「PLAN A」が全ての企業活動に関与する姿が描写されている（「企業理念－ビジネスモデル」「ビジネスモデル－経営戦略」の結合）。実際の経営計画においても，図表の右方のKey non-financial measuresにあるように財務目標の他に，「PLAN A」を含む非財務情報の目標が設定され，目標に対する進捗状況がKPIで管理されていることがわかる（「KPI－各項目（経営戦略など）」の結合）。

更に，Non-financial accountabilityには，「PLAN A」を含む非財務情報の目標の取組みが取締役会に報告されることを示している（「ガバナンス－経営陣（の諸施策）」の結合）。このような開示は，取組みの透明性の確保を通じ，当社の企業価値向上の持続性を示すこととなろう。

＜中外製薬株式会社＞

日本企業においても情報の結合における好事例がある。中外製薬株式会社である（以下，中外製薬）。図表 5-8 のように，中外製薬は事業哲学である「すべての革新は患者さんのために」を創薬活動の中心とするビジネスモデルの中核としている（「企業理念－ビジネスモデル」「ビジネスモデル－経営戦略」の結合）。また，当社では，この事業哲学をビジネスモデル・戦略に浸透させる施策のひとつとして，事業哲学が社員に浸透しているか否かを確認する「社員意

図表 5-8　中外製薬にみる情報の結合

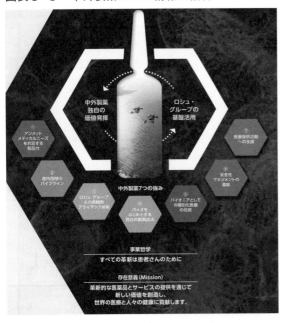

（出所）中外製薬株式会社　アニュアルレポート2016

識調査結果」(図表の右方)を定期的に実施し,開示している(「KPI－各項目(経営戦略など)」の結合)。

投資家は,この調査結果で示される数値の意味までは厳密に理解できないだろう。しかし,事業哲学を中心に据えたビジネスモデルを作り,その浸透度を経営陣及び取締役会がチェックしていることが示されることは,当社が投資家に対し掲げている企業価値創造プロセスを着実に実行していることを示しており,投資家の当社の経営戦略に対する信頼感は高まるものと考えられる。

このように情報の結合は,企業価値創造プロセスにストーリー性を与えるとともに,経営戦略や企業行動への中長期投資家の理解度の向上と経営目標の達成への確信度を高めることにつながるため,開示においても重要な要素となる。

② KPI (Key Performance Indicator) の有効な活用

すでに,①でも言及したが,適切なKPIの設定と開示は重要である。国際統合フレームワークの中でも,「企業価値創造の文脈に適合した,定量的指標(KPIや金額評価された指標など)の有効活用は,組織の価値創造能力を的確に示す(注96)(3.8)」との記述があるが,企業価値創造プロセスと適合するKPIの開示により,投資家は非財務情報に関わる企業行動(人材戦略,環境に対する対応等)の現況や進捗を的確に把握することが可能となる。

しかし,日本だけでなく,グローバルにおいても,このKPIの適切な設定は大きな課題となっている。図表5-9は,KPMG(注97)の日本におけるKPIの活用状況に関する調査結果であ

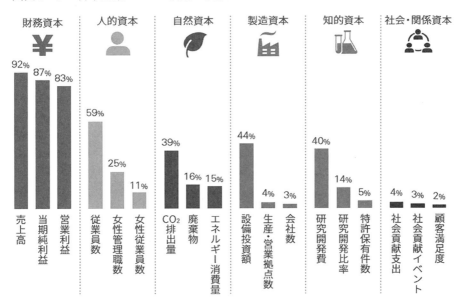

図表5-9 日本企業のKPIの活用の状況

(出所) KPMGジャパン (2017)

るが，ROEなどの指標を含む財務資本関係のKPIの開示は多くみられるが，非財務情報の状況・進捗を示すKPIは少ないことがわかる。また，KPIとして従業員数を開示する企業は59％，CO_2排出量は39％と比較的多くの企業が開示していることとなっているが，筆者がみるところ，KPIを自社の中長期の文脈（企業価値創造プロセス）と関連づけ，KPIが投資家にとって有用な情報となっているケースは極めて少ない。

　投資家にとって有用なKPIとは
　マークス＆スペンサー社では，「PLAN A」という企業理念をビジネスモデルのあらゆる部分に組み込み，競争力の向上を図っているが，その際，各々の施策にKPI（例えば，社会的責任も踏まえた規格を満たす商品の割合）とターゲットを設定し，それを取締役会がモニタリングする態勢をとるとともに，これを投資家に開示することにより，当社の企業価値創造プロセスの持続性を示していた。また，中外製薬では事業哲学をビジネスモデルの中核としているが，その事業哲学の従業員への浸透度を開示することにより，ビジネスモデルの強固さを示していた。両社ともビジネスモデル・戦略に適合したKPIを開示しており，投資家にとっても有用なKPIになっているものと考える。

　＜サウスウエスト航空＞
　その他の好例として，米国の航空会社であるサウスウエスト航空を取り上げる。当社は，「世界で最も愛され，最もよく飛び，最も収益性の高い」企業を目指している。この目標を達成するため，何よりも「従業員の満足度や意識」を高めることを最大の課題としている。「従業員の満足度や意識」を高めることは，フレンドリーで親切な社内文化の醸成に寄与し，競争力の源泉である「顧客満足度」の引き上げにつながると考えているからである。
　このため，当社は，従業員への待遇面ばかりでなく，従業員が属する社会との接点にも配慮し，図表5-10のように，顧客満足度などの顧客関係のKPIに加えて，その活動を支える社会福祉活動への参加時間（Employee Volunteer hours）にもKPIを設定し，管理している。この場合，社会福祉活動への参加人数は従業員の社会貢献活動だけを示しているのではなく，重要な経営戦略の施策と進捗状況を示していることにもなる。投資家は当社の競争力のひとつである高い顧客満足度の獲得能力について，このKPIで確認することができるのである。
　サウスウエスト航空と同じようなケースが日本企業にもあった。筆者が，ある上場企業の役員の方と対話をしているとき，当社のアニュアルレポートに「社会貢献事業への参加人数」が非財務情報のKPIとして掲載されていることに気づき，その理由を聞いたことがあった。役員の方からは「買収した欧州企業との統合が成功するかどうかの鍵のひとつは日本サイドの従業員の社会貢献への意識の高さと気づいた。この意識を高めるには，社員が社会貢献活動などに参加することが重要であり，経営としては参加社員の数をKPIとして重視している」との回答

図表5-10　サウスウエスト航空にみるKPI

PEOPLE DATA (continued)	2013	2012	2011	2010	2009
Customers					
U.S. Department of Transportation (DOT) Customer Satisfaction rating (consumer complaints per 100,000 enplanements)	0.34	0.25	0.32	0.27	0.21
External Customer commendations	Nearly 70,000	Nearly 65,000	More than 65,000	More than 65,000	More than 50,000
Ratio of external Customer commendations to personnel rudeness complaints	Nearly 5:1	Nearly 7:1	Nearly 8:1	Nearly 10:1	9:1
American Customer Satisfaction Index (ACSI)	81	77	81	79	81
Percentage of reported flight operations arriving ontime	76.7	83.1	81.3	79.5	83.0
Number of mishandled bags reported per 1,000 Passengers	3.72	3.08	3.65	3.47	3.43
Passengers denied boarding per 10,000 Passengers	1.06	0.84	0.65	1.24	1.29
Number of incidents involving the loss, injury, or death of animals during transport	0	0	0	0	0
Communities					
Donation requests received systemwide	17,941	19,053	17,057	16,678	14,968
Tickets donated	44,019	44,559	40,807	29,664	25,663
Total monetary donations	$ 2,034,431	$ 2,104,871	$ 1,814,077	$ 934,807	$ 554,140
Total corporate monetary, in-kind, and ticket donations	$18,951,092	$20,273,621	$18,239,850	$12,974,763	$10,939,665
Monies raised through official Southwest fundraising efforts	More than $ 780,000	—	—	—	—
Employee Volunteer hours	More than 144,000	More than 137,000	More than 114,000	More than 80,000	More than 45,000
Value of Employee Volunteer hours	Nearly $3,200,000	—	—	—	—

（出所）サウスウエスト航空　2013 SOUTHWEST AIRLINES ONE REPORT™

があった。当社の海外での買収とその後の買収の成否が企業価値に大きな影響を与えるとすると，この社会貢献活動への参加人数というKPIは投資家にとっても当社の企業価値を判断する上での重要なKPIとなるであろう。

＜アーム社＞

もうひとつのKPIの活用の好例は，半導体チップのデザインを半導体製造会社などに提供する英国のアーム社（ARM）である。当社のビジネスモデルでは，デザインを作るR&Dで2～3年，デザインを提供してから製品販売が拡大し，ライセンス収入が獲得できるまで更に3～4年かかり，研究開発や人材などへの先行投資から実際の収入，そして，その諸施策の成果を財務諸表で確認できるまでに長い時間がかかることになる。

このため，当社の経営陣は，戦略の進捗状況を確認するため，収益化する前の半導体製造会社に供与したライセンス数を重要なKPIと位置づけ，アニュアルレポートにも開示している。当社のビジネスモデルを理解した投資家は，企業価値を算定するにあたり，財務諸表に出てくる数値だけでは判断できないため，このKPIを活用し，当社の企業価値を算出し，企業と対話することになるであろう。

このようなビジネスモデルあるいは経営戦略に適合したKPIの設定と開示により，中長期指向の投資家は，たとえ，財務諸表で戦略の成果が確認できないとしても，持続的な企業価値創造に向け，経営戦略に関わる諸施策が順調に進捗していることを把握できることとなる。

第Ⅱ部　非財務情報とESG情報の実効的な開示

図表5-11　アーム社にみるKPIの活用

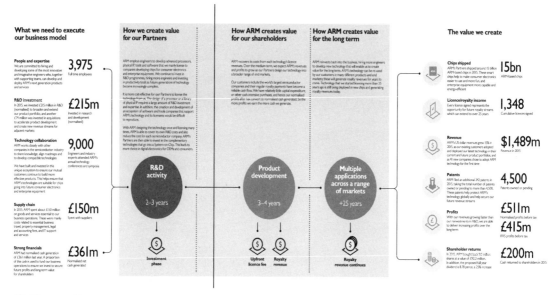

（出所）アーム社　Annual Report 2015：Strategic Report

③　実効的なコーポレートガバナンスの開示

"コーポレートガバナンス（以下，ガバナンス）"とは，経営陣をモニタリングし，企業を持続的な成長に導く取締役会の役割・体制を意味する。必要とされる役割には，経営戦略の策定・執行や不祥事への対策を含む経営課題解決に向けた取組みへのモニタリング，経営課題に適応した役員報酬体系の構築，経営陣の後継者指名などがある。また，取締役会の体制としては，この役割を果たすことを可能とするスキル（能力）と多様性が求められる。この確保のため，社外取締役などの冷静な視点も必要とされる。

(i) 開示におけるガバナンスの重要性

第3章でも議論したように，投資家にとっては，社外取締役も含む取締役会による適切なモニタリングは企業経営の透明性を高め，企業成長力の持続性を高める役割を果たすと理解されており，取締役会のモニタリングの実効性についての判断は中長期視点の投資において最も重要な判断事項となる。また，①情報の結合と②KPIの有効な活用，においても触れたが，開示においても，取締役会が客観的な視点で企業価値創造プロセスのモニタリングを実施しているということは投資家への説明力・納得性を大きく高めることになる。このため，第4章で説明した多くの国際フレームワークでもガバナンスは重要な役割を果たす。

(ii) 日本において不足するガバナンス情報

しかしながら，筆者は，日本の非財務情報の開示において，ガバナンス情報は不十分と考え

第5章　中長期投資家にとっての有用な非財務情報の実効的な開示

図表5-12　ガバナンスと戦略の情報の結合

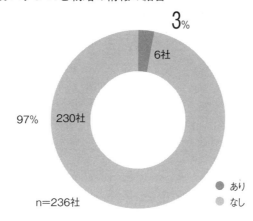

（出所）KPMGジャパン（2017）

ている。KPMGの調査（注98）でも，「ビジネスおよび戦略」が報告書の中で31％の情報量を占める一方，「ガバナンス」に関する記述は11％にとどまっていることが示されている。

また，情報量だけではなく，ガバナンスの説明内容についても不十分であり，グローバルでみても大きく劣後している状況にあると考えている。上記したように，ガバナンスにおいては，経営戦略や不祥事への対策を含む経営課題解決のモニタリング，経営戦略に適応した役員報酬体系の構築，後継者の指名などを的確に実施できる能力が取締役会にも求められるが，投資家はこれらの課題解決力が取締役会にあるか否かの判断ができる情報が必要となる。

しかし，現状，ガバナンスの開示においては，体制面の説明（取締役会の構成人数など）に終始している場合が多く，取締役会の遂行能力を推察できる情報は欠如している場合が多い。図表5-4でいうと，「ガバナンス－経営陣（の諸施策）」の情報の結合性がないともいえる。実際，KPMGの調査によると，ガバナンスと戦略との関係の説明を行っているレポートは，わずか3％と極めて少ない。

英国では，取締役会議長が企業の現状の課題や経営戦略を踏まえた上で，取締役会に適切なモニタリング能力（Skill）があるか否かを判断し，適切な取締役会の体制を再構築することがある。このような行動とプロセスの開示は，取締役会の機能の実効性向上に資し，取締役会の実効性を投資家にも認識させることになろう。

非財務情報の開示において不可欠なガバナンス情報の実効的な開示手法として，ここでは以下の3点を挙げる。1）取締役会のモニタリング状況の開示，2）役員報酬体系への経営戦略の組込みと開示，3）取締役会評価の活用－である。

＜1）取締役会のモニタリング状況の開示＞

ガバナンスの実効性を示すひとつの手法は，取締役会の経営戦略に対するモニタリング状況

第Ⅱ部　非財務情報とESG情報の実効的な開示

図表 5-13　ガバナンスのモニタリング

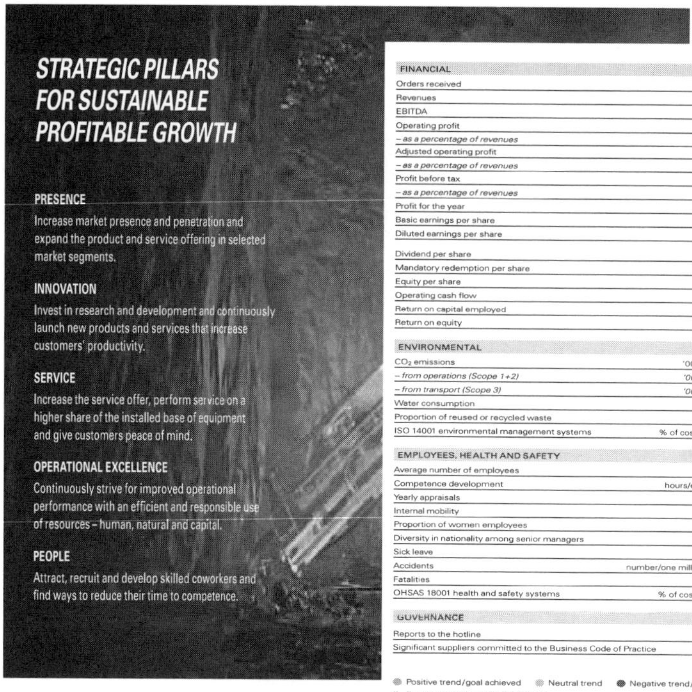

(出所) Atlas Copco (2014) より筆者加工

を開示することである。ベストプラクティスとして，北欧の産業機械製造会社であるアトラスコプコ（Atlas Copco）[注99]を取り上げたい。当社は鉱山機器など産業機械を製造・販売する会社であるが，収益性の拡大と安定を図るため，ハードだけでなく，今後はサービスの販売にも力を入れようとしている。このため，人材育成を経営方針の柱のひとつとしている。ESG評価でいうと，社会（S）要因に関わることを重視するということになる。

図表 5-13の左に掲載されている経営方針（PILLARS）をみると"PEOPLE（人＝人材）"という項目がある。経営者は，この人材に関する施策の進捗度をKPIなどでモニタリングする必要があるが，当社はこのKPIを開示しているのである。また，KPIを開示するだけでなく，各々のKPIについて取締役会が評価を行い，その評価結果を開示している（本書では見えにくいかもしれないが，KPIの横に色付きの○が置かれており，「緑色：達成，黄色：ほぼ達成，赤色：未達成」となっている）。

中長期投資家は，経営戦略の進捗度を示すKPIとこれに対する取締役会のモニタリング状況の開示により，社外取締役も含む取締役会のモニタリングが適切に行われていることが確認でき，企業価値向上の持続性に向けた確信度が高まることとなる。

第5章　中長期投資家にとっての有用な非財務情報の実効的な開示

＜2）役員報酬体系への経営戦略の組込みと開示＞

　ガバナンスの実効性を示す2つめの方策は，役員報酬体系への経営戦略の組込みと開示である。役員報酬体系の開示は，投資家が企業の諸施策の確信度を確認する上で重要な事項となる。経営戦略の諸施策に対する評価が，役員報酬体系の中に入っていると，投資家としては経営者が責任をもって，その諸施策を執行するものと考え，諸施策の目標の達成に対する確信度が上昇することとなるからである。そして，役員報酬体系構築の責任は，通常は取締役会にあるため取締役会に対する信認も増すことになる。

＜リオ・ティント社＞

　図表5-14は，英国の鉱山会社リオ・ティントの役員報酬体系である。当社では，鉱山事故が起きると採掘事業がストップする，労働者の方のモラルが落ちて操業度が低くなることから企業価値が毀損されるリスクがあり，「安全（Safety）」対策に重点を置いている。当社のアニュアルレポートの中でも「安全」という言葉が多く使われているが，「安全の確保」は経営戦略の大きな柱であり，企業価値創造プロセス上の重要な取組み事項となっているのである。図表5-14の右下に当社の役員報酬体系を示しているが，経営戦略の大きな柱である「安全」を役員報酬体系の中に組み込んでいるだけではなくその割合も短期報酬の20％と驚くほど大きなウエイトが置かれている。投資家もこの役員報酬体系をみれば経営戦略に掲げる「安全の確保」に対する当社の本気度を確認できることとなる。

＜オムロン株式会社＞

　日本でも好例がある。オムロン株式会社（以下，オムロン社）である。オムロン社は「企業

図表5-14　ガバナンスのモニタリング

（出所）Rio Tinto（2014）より筆者加工

137

第Ⅱ部　非財務情報とESG情報の実効的な開示

図表5-15　オムロン社の取締役報酬の方針

〔新〕取締役報酬の方針

❶ **基本方針**
- 企業理念を実践する優秀な人材を取締役として登用できる報酬とする。
- 持続的な企業価値の向上を動機づける報酬体系とする。
- 株主をはじめとするステークホルダーに対して説明責任を果たせる、「透明性」「公正性」「合理性」の高い報酬体系とする。

❷ **報酬構成**
- 取締役の報酬は、固定報酬である基本報酬と、業績に応じて変動する業績連動報酬で構成する。
- 社外取締役の報酬は、その役割と独立性の観点から、基本報酬のみで構成する。

❸ **基本報酬**
- 基本報酬額は、外部専門機関の調査に基づく他社水準を考慮し役割に応じて決定する。

❹ **業績連動報酬**
- 短期業績連動報酬として、単年度の業績や目標達成度に連動する賞与を支給する。
- 中長期業績連動報酬として、中期経営計画の達成度や企業価値（株式価値）の向上に連動する株式報酬を支給する。
- 短期業績連動報酬および中長期業績連動報酬の基準額は、役割に応じて定める報酬構成比率により決定する。

❺ **報酬ガバナンス**
- 全ての取締役報酬は、報酬諮問委員会の審議、答申を踏まえ、取締役会の決議により決定する。

※中長期の業績目標達成に向け，執行役員についても同様の方針を定めています

（出所）オムロン株式会社「統合レポート2017」より筆者加工

は社会の公器である」という企業理念をビジネスモデル・経営戦略に組み込むとともに，この企業理念の浸透度を取締役会の重要なモニタリング事項するなど，「企業理念」を中核とする企業として知られている。

　図表5-15には，当社の「取締役報酬の方針」を示しているが，当社では，この取組みをより確かなものにするため，役員報酬体系の「①基本方針」の最初に「企業理念を実践する優秀な人材を取締役として登用できる報酬とする」と定め，重視する企業理念への取組みを役員報酬に加味することを宣言している。投資家は，当社のガバナンスから事業経営までの一貫したブレない姿勢を確認し，安定的な当社の中長期業績予想を作成できることであろう。

＜3）取締役会評価の活用＞

　ガバナンスの実効性を示す3つめの方策は取締役会評価の活用である。取締役会評価は，コーポレートガバナンスコードの原則4-11にも定められているが，現状の取締役会の運営状況や議論について自ら評価するとともに，取締役会の今後のより実効的な運営についての考え方を示すものである。また，コードにより，その概要の開示が求められている。

　取締役会の判断は，企業の中長期的な方向性に大きな影響を与えるが，投資家はアウトサイ

ダーであり,取締役会の動向や議論の内容までは知ることができない。このため,取締役会の運営に関する開示情報は,投資家にとって企業の中長期的な動向を探る上でも非常に貴重な情報となる。

＜アサヒグループホールディングス＞

飲料大手であるアサヒグループホールディングスは,図表5-16のとおり,中期経営方針として,「稼ぐ力」の強化,資産・資本効率の向上,ESGへの取組み強化－の3つの柱を設定している。このうち,ガバナンスも含むESGへの取組み強化については,当社の持続的成長の根幹にかかわる事項であり,注力するとしている。一方,取締役会が実施した取締役会評価においても,図表の右にあるように(取締役会の)今後の(重点的な)取組み事項として,3つ目に「ⅲ)企業の社会的価値向上・ESGへの取組みの推進」が挙げられている。

これは,「ESGへの取組みの推進」が企業の最高意思決定機関である取締役会のモニタリング事項となり,経営が重視する取組みと取締役会のモニタリングのベクトルが一致していることを示している。この取締役会評価の開示により,投資家は,当社の取組みの一貫性を確信するとともに,経営計画の目標達成への確信度を高めることとなろう。

以上のように,実際の企業価値創造プロセス向上の実践においてもガバナンスの実効的なモニタリングは重要であるが,その開示を適切に行うことにより,投資家にとっても,企業経営への透明性が高まるとともに,企業が採用している企業価値向上における諸施策の達成への確

図表5-16 アサヒグループホールディングス社の取締役会評価

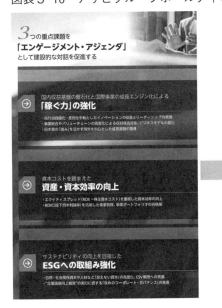

(出所)アサヒグループホールディングス株式会社「統合報告書(2016)」より筆者加工

第Ⅱ部　非財務情報とESG情報の実効的な開示

信度の引き上げにつながることとなる。

④　企業行動の変革を生み出す開示

投資家に対する実効的な開示とは，美しい"見せ方"にとどまるのではなく，その開示された企業価値創造プロセスに関わる内容が実際に企業価値の向上につながっていることを投資家に理解させることのできる開示である。

すでに①～③においてベストプラクティスを交え説明したが，実効的な開示のエッセンスをまとめると以下のようになる。

- ビジネスモデル・経営戦略・ガバナンスなどの各情報を結合する
- 持続的成長性を維持するためのESG要因をプロセスに組み込み，開示する
- 取締役会が全体の価値ストーリをモニタリングすることにより，プロセスの持続性を示す
- 以上を踏まえ，各社固有の統合的な企業価値創造プロセスを示す

最後の「各社固有の統合的な企業価値創造プロセスを示す」は，当然のように聞こえるかもしれないが，非常に重要な開示の要素と考える。各社から出される中期経営計画が異なるように，企業価値創造プロセスも，ESGに関しての機会とリスクも各社毎に異なるため，適切なガバナンスのモニタリングの形態も変わることとなるからである。今まで挙げたベストプラクティスも各企業の状況に適応した独自性のあるものであった。

筆者を含め投資家は，企業からどのような非財務情報やESG情報の開示がよいか，と聞かれることがあるが，その回答を知っているのは自社のことを知り尽くしている各々の企業の方のみとなる。投資家の役割は，企業から提供された非財務情報を企業価値創造の観点からチェックし，議論することにある。

(注94)　FRC（2016b）11頁

(注95)　Plan a 2025 Commitments

(注96)　IIRC（2014）19頁

(注97)　KPMGジャパン（2017）

(注98)　KPMGジャパン（2017）

(注99)　Atlas Copco（2014）

第5章　中長期投資家にとっての有用な非財務情報の実効的な開示

4　企業・投資家の対話チャンネルの整備の必要性：ESGギャップの解消

　すでに議論したが，中長期投資家にとって，望ましい非財務情報（ESG情報を含む）の提供形態は，統合された形での提供となる。しかし，これは簡単なことではない。企業は統合された形での非財務情報を提供できる企業報告の態勢整備が必要となるからである。

(1)　投資家サイド・企業サイドの課題

　現状，企業サイドでは，財務情報を提供するIR: Investor Relation担当者，株主総会などガバナンス情報を提供するSR: Shareholder Relation担当者，様々なステークホルダーに対応するCSR担当者の間で情報分断が起き，統合的な報告が難しい状況になっている企業がまだ数多く存在する。先端的な企業を中心に，IR担当者とSR担当者の方が一緒に対話に臨むという機会もあるが，全般的にはこうした課題が残っているものと考えている。

　投資家サイドにも課題がある。アナリストやポートフォリオマネージャーがIR担当者とばかり接触，財務情報だけに注目し，SR担当者からガバナンスの話を聞こうとしない。また，逆に，議決権行使を担当するガバナンス担当者がアナリストとは別の部署となっており，ガバナンス担当者だけが企業のSR担当者と対話を行い，企業のIR担当者とアナリストの普段の対話がまったく議決権行使等に生かされない，といった事象も生じている。

　このような課題はESGギャップといわれることがあるが，グローバルでもよく指摘されることであり，中長期の投資環境を定着させようとするプロセスにおいては必ず生じる事象でもあ

図表5-17　企業と投資家の対話におけるESGギャップ

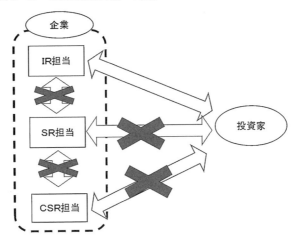

（出所）UNEPFI"Translating ESG into sustainable business value, March2010"をもとに筆者作成

(2) ESGギャップの解決に向けて

　この課題を解決するため，投資家・企業サイドのどちらかから行動を始める必要がある。もちろん，投資家サイドが自らの活動方法を変える（ガバナンス担当者とアナリストなどが一緒に行動する）という解決策もあるが，企業サイドからの働きかけも有効と筆者は考えている。
　投資家の行動や対話手法は企業から提供される情報で変化するため，企業サイドから対話や報告の方法を統合型に変えることにより，投資家の行動を変えることができると考えているからである。企業サイドから提供される情報が長期化，統合化すると，投資家の行動も，長期化（より建設的）するため，投資家の短期主義に頭を悩ませている企業にとってはよい解決策になるものと考えている。また，その結果，統合的な情報提供を行う企業のもとには，それに共感する長期視点の投資家が集まると考えている。このような統合した非財務情報の報告に向けた態勢作りは追加の負担になるかもしれないが，企業サイドにとってもプラスになることも多々あると考えている。

5　まとめ

　最終章では，これまでの議論を受けて，中長期投資家にとっての有用な非財務情報の実効的な開示について考察した。何度か言及したように，2014年のスチュワードシップ・コード導入により投資家の投資行動が中長期指向へと変化し，企業価値が持続的に向上することを実感させる開示が求められるステージとなっている。
　実効的な開示の方法としては，ビジネスモデル・経営戦略・ガバナンスの開示における主要要素を繋げる，持続性を示すためE・S・G要因をビジネスモデル・経営戦略に効果的に組み込む，KPIの有効な活用，ガバナンスのモニタリング機能を示す，などが挙げられるが，投資家にとって何よりも重要なことは，これらの開示内容が確実に実践され，企業価値の向上が実現されていることが確認できる，ということである。内外のベストプラクティスを提示したが，全て，着実な企業価値の向上を実感させるものであった。
　実効的な企業報告とは美しい姿を見せることではない。その報告内容が企業価値向上プロセスに組み込まれ，企業行動の変化に結びつき，企業価値向上に寄与する姿をみせることこそが，中長期投資家への実効的な開示であると考えている。

別冊商事法務 No.431
財務・非財務情報の実効的な開示
〔ESG投資に対応した企業報告〕

2018年3月30日　初版第1刷発行

著　者　井　口　譲　二

発行者　塚　原　秀　夫

発行所　㈱　商　事　法　務
〒103-0025 東京都中央区日本橋茅場町 3-9-10
TEL 03-5614-5651・FAX 03-3664-8844〔営業部〕
TEL 03-5614-5645〔別冊商事法務編集部〕
http://www.shojihomu.co.jp/

落丁・乱丁本はお取替えいたします。　印刷／サンパートナーズ㈱
© 2018 George Iguchi　　　　　　　　　　Printed in Japan
Shojihomu Co., Ltd.
ISBN978-4-7857-5265-1
＊定価は表紙に表示してあります。

|JCOPY|＜出版者著作権管理機構 委託出版物＞
本書の無断複製は著作権法上での例外を除き禁じられています。
複製される場合は、そのつど事前に、出版者著作権管理機構
（電話 03-3513-6969、FAX 03-3513-6979、e-mail: info@jcopy.or.jp）
の許諾を得てください。